주님의 평강이

함께 하시길 기도하며

______________님께

이 소중한 책을 드립니다.

믿음의 절대강자

최요한 목사 지음

나침반

믿음과 기도 생활의 모델 제시

목회자들은 저마다 하나님께로부터 받은 사명과 은사들이 있다. 나 또한 하나님께로부터 받은 목회적 사명과 은사가 있는데, 그것은 기도 목회이다. 그래서 나는 내가 받은 사명과 은사를 계발하려고 노력했고, 이것을 중심으로 말씀을 전하며 살아 왔다.

한국 교회의 위기는 다름 아닌 목회자들과 성도들의 기도의 열정이 식어진 데 원인이 있다고 본다. 그래서 하나님께서 나를 이 시대에 기도의 열정을 불어 넣으라고 사명감 고취와 은사 활용을 허락하셨다고 믿는다.

이런 확신을 가지게 된 이유는 기도에 관한 저서와 방송이 하나님의 은혜로 누룩처럼 영향을 끼치게 된 것을 목격하였기 때문이다.

본인의 저서 『기도의 절대강자』가 출판되자마자 재판에 들어갈 정도로 인기를 얻게 되었고, 많은 성도들에게 기도에 대한 도전을 주었다. 그런데 그 책에서는 한 인물을 중심으로 전개하였기에 한계가 있었다. 그래서 성경 전체 인물 중에 모범이 되는 기도자들을 찾기 시작했고, 2007년도 중반부터 방영된 CTS 기독교텔레비전 밀레니엄기획특강 『4인4색(4인人4色)』 '최요한 목사의 기도의 절대강자' 를 통하여 그 인물들에 대해 강의하게 되었다. 이 강의 원고를 정리한 것이 『믿음의 절대강자』이다.

히브리서 11장에서 말하듯이 신앙의 선조들은 모두 믿음의 사람들이었다. 그리고 이 믿음의 사람들은 모두가 기도의 사람들이었다. 그러므로 믿음과 기도는 서로 떨어질 수 없는 필요충분 조건들이다. 그래서 본서에서 믿음의 선조들이 어떤 기도를 했고, 어떤 믿음 생활들을 했는지 추적하여 하나님께서 원하시는 제대로 된 기도가 어떤 것인지 한국 교회에 제시하고자 한다.

결론적으로 이 책은 『꺼지지 않는 떨기나무 불꽃』과 『기도의 절대강자』의 속편이라고 할 수 있다.

최요한 목사

차례

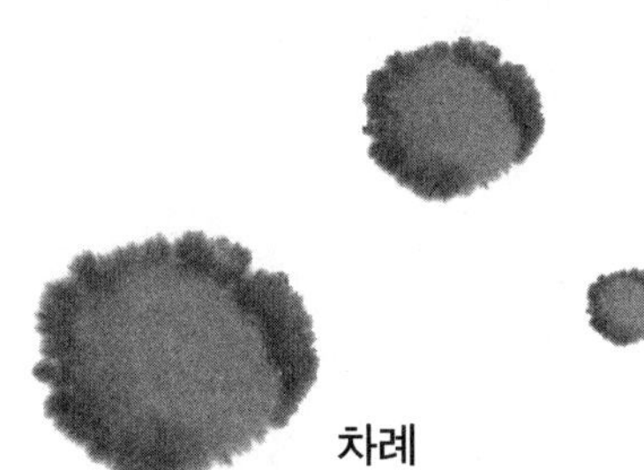

나의 삶, 나의 기도

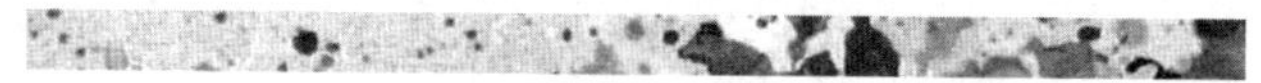

"나의 달려갈 길과 주 예수께 받은 사명 곧 하나님의 은혜의 복음 증거하는 일을 마치려 함에는 나의 생명을 조금도 귀한 것으로 여기지 아니하노라" (행 20:24)

1. 시내산 기도를 결심하다

어린 시절과 나의 가정 그리고 목회생활의 발자취를 더듬어 보면 나는 결코 특별한 사람이 아니었다. 또한 무엇을 세상에 내놓을 만큼 탁월한 인생을 살아온 사람도 아니다. 그럼에도 불구하고 하나님께서는 특별한 은혜를 주셨고, 모든 인생 여정에 세심하게 간섭하셨다.

나의 목회 과정에서 큰 전환점이 있었는데 그것은 이집트 시내산에서 40일 금식 기도를 한 것이었다. 기도했던 장소는 모세 기념 교회 밑에서였는데 이것은 나의 목회 생애의 터닝 포인트(turning point)였다. 시내산에 가서 기도한 것에 대해 사람들이 별나다고 생각할 수도 있고, 왜 한국에도 기도원이 많이 있는데 무엇 때문에 거기까지 가서 금식기도를 했는가라는 질문을 던질 수도 있다. 그러나 거기에는 몇 가지 이유가 있다.

직접적인 이유 중 하나는, 그동안 우리나라의 기도원에서 기도할 때 방해가 많이 되었다. 세 번째 40일 금식을 하다가 실패한 적이 있는데 그 이유는 기도원 식당에서 음식냄새가 자꾸 나서 장기적으로 금식 기도하기가 상당히 어려웠던 경험이다. 또 한번은 어떤 기도원에서 금식하던 중 내가 있던 방에 땅콩이 보였다. 먹지 않고 씹어만 보겠다는 생각으로 손으로 살짝 만졌는데, 촉각이 달라서 자세히 보니까 땅콩이 아니고 파리였다. 그리고 기도할 만하면 계속 전화가 온다. 교회에 무슨 일이 있는데, 어떡했으면 좋겠느냐고 물어 오기도 하고, 아내한테도 전화가 오고, 또 친구 목사들이 장기 금식한다니까 위로도 할 겸 어떤 모습으로 기도하는지 궁금해서 보러오는 경우도 있어 방해가 되었다.

시내산 기도를 하게 된 데는 이런 이유뿐 아니라 개인적인 이유도 있었다. 목회과정을 생각하면서 하나님의 은혜가 너무 컸다는 것을 느꼈다. 분당에 맨 주먹으로 가서 불과 8년 만에 한국 100대 교회 안에 들어가는 큰 부흥을 주셨고 또 교회당을 주셨다. 그래서 너무 기뻐서 "이 은혜를 내가 어떻게 보답할까? 정말 하나님께 감사하면서 바른 목사로 살아야겠다"는 각오를 하면서 한적한 곳에서 깊은 기도를 하고 싶었다. 그러던 차에 시내산에 가서 기도해야겠다는 생각이 들었다.

시내산 40일 금식 기도를 할 때 많은 것을 생각하였다. "목회의 본질은 무엇인가?", "목사는 누구인가?"라는 본질적인 문제를 생각하면서 목회 본질이 교회건축도 아니고, 사람 끌어 모으는 것만도 아니라는 생각이 들었다. 이런 것들은 부수적인 것에 불과하다. 교회를 크게 이루었다고 해서 반드시 하나님 앞에 인정받는 것은 아닐 것이다. 내가 생각하는 목회의 본질은 마음을 하나님께 바치는 것이다. 마음을 바치면 몸도 있는 것이고 거기에 열매도 있는 것이다. 그런데 오늘날 많은 목회자들이 마음을 바치기보다는 성과에 치중하는 경향이 있다. 즉 너무 외형적인 성과에 치중한다.

나는 시내산에서 목회의 본질에 대하여 명상할 때 나의 목회 생활 전체를 되돌아볼 수 있었다. 숲속에 오래 들어가 있으면 숲속의 나무에 가려서 숲 전체를 못보게 되어 목회 방향의 전체적인 흐름을 제대로 파악하지 못하는 수가 있다. 그래서 금식기도를 시작했던 것이다. 삶의 현장에서 떠나 높은 산 위에서 내가 살고 있던 삶 전체를 조망하려고 하였다. "내가 지금 어디로 가고 있나?", "내가 무엇을 위해서 봉사하고 있나?" 라는 질문을 던지게 되었다. 시내산 기도를 통해 나는 목회 생활을 회고하며 총점검하고 새로운 전환을 이루게 되었다.

2. 시내산에서 목회에 대하여 회고하다

목회자라면 동의하는 심정이겠지만, 일상의 생활이 목회라고 하는 쳇바퀴 속에 갇혀서 그냥 하나의 기계 부속품처럼 돌아가는 것을 느끼게 된다. 설교도 의무화되고 기도 인도도 하나의 일과가 된 것을 느낄 때가 많다. 몸만 거기 있을 뿐이지 때로 마음이 없을 때가 많았다는 것을 솔직하게 고백한다. 1년에 52주 주일마다 하는 설교나 기도가 그냥 일과가 되었다. 뚜렷한 의식이 없이 그냥 해야 되니까 하는 것이고 때론 하기 싫어도 하게 되었다. 그래서 때로는 참 공허하다는 생각마저 들었다. 정말 내가 제대로 주님을 섬기고 있는지 나 자신에게 물어보면 그렇지 못하다고 대답해야 할 때가 많았다. 그래서 교회 깊은 곳에 앉아 있지만 아이러니하게도 목사인 나 자신의 마음은 가장 황폐하였다. 교인들은 한 주 동안 일하고 하루를 쉬면서 교회 한 번씩 나올 때면 하나님 앞에 진정으로 감격하지만 목사인 나는 그런 감격이 없는 것 같았다. 왜냐하면 교회당이 삶의 터전이므로 직장에 나가는 기분으로 살았다는 것을 깨닫게 되었다.

내가 목회를 주도하고 있는 게 아니라 목회스케줄에 내가 이끌려 점점 감격이 없어지고 순수하게 하나님을 사랑하던 마음이 퇴색되었다. 그래서 목회의 본질에 대한 회고가 반드시 필요한 시점이 되었다.

칼빈은 다음과 같이 말했다.

"마음을 바치지 아니한 자는 하나님께 아무것도 바치지 아니했다."

"마음을 바친 자는 모든 것을 바친 것이고 마음을 바치지 아니한 자는 아무것도 하나님 앞에 바친 것이 아니다.”

목회자에게 중요한 것은 하나님 앞에 마음을 내어 드리는 것이다. 가시적인 성공이 아닌 마음 자체이다. 왜냐하면 하나님은 영이시라서 우리가 마음을 전폭적으로 하나님 앞에 내놓을 때 하나님께서 그 마음을 통해서 영광을 받으시고 일을 하신다.

> “무릇 지킬만한 것보다 더욱 네 마음을 지키라 생명의 근원이 이에서 남이니라”(잠 4:23)

깊은 고민 속에서 목회의 본질을 찾으려고 몸부림쳤다.

이러한 목회자의 고민을 성도들은 잘 모른다. 우리 교회 교인들은 간혹 이렇게 말한다.

“목사님은 교회에 계시잖아요. 그러니 계속해서 기도하고 말씀 보면서 얼마나 좋으시겠어요?”

“목사님이 시험들 일이 뭐가 있겠어요?”

“목사님이라서 얼마나 좋으세요?”

“하루 종일 교회에서 기도하고 말씀 보고 직업이 성경 연구하는 거니까 목사님이 우리 같은 성도들 고민 이해하시겠어요?”

성공한 목사가 뭐냐고 질문을 한다면 나는 단호하게 5,000명의 성도가 모였다고 하나님 앞에서 성공한 목회자라고 할 수 없다고 말할 것이다. 하나님 앞에서 인정받는 목회자는 교인 수로 결정되는 게 아니고 마음을 얼마나 바쳤는지가 중요하다. 오직 인원수만을 목표로 삼는 목회자들에게 목표를 달성하면 그 다음은 무엇을 하기 원하느냐고 질문하고 싶다. 목사의 길은 양적인 목표를 이루는 것이 아니라 하나님을 위해서 일생을 바치겠다고 서원하고 하나님만 바라보고 나가는 길이다.

3. 시내산 기도에서 응답을 받다

탁월한 목회자는 현직에 있을 때 얼마나 많은 사람들을 모아서 세력을 형성했는가라는 관점에서 결정되는 것이 아니고 사후에 얼마나 많은 사람에게 영향을 미쳤느냐가 중요하다. 우리나라에는 사라진 스타들이 너무 많다. 당대에는 잠깐 이름을 드러냈다가 그 영향력이 급속하게 떨어져 금방 사라지는 경우가 많다. 마치 우리나라 연예인들처럼 목회자도 한순간 인기를 끌다가 식상해지면 다시 물러나야 하는 경우가 있다.

어거스틴이 말한 것처럼 수도원 안에도 유혹이 있다. 위대한 성자의 마음에도 세상이 있다. 마찬가지로 목회를 하는 내 마음속에도 그와 같은 세상이 있다. 그래서 세상적인 마음을 뽑아달라고 간절히 기도했다. 드디어 내 마음 속에 주님의 마음이 찾아왔는데, 나타난 현상은 슬픔과 함께 흐르는 눈물이었다. 나를 바라보는 주님의 마음은 영적인 침체에 빠져있는 나에게 분노하시는 것이 아니라 안타까운 마음으로 슬퍼하신다는 것을 깨달았다. 그래서 주님의 마음을 가지고 민족을 보니 민족을 보는 마음이 슬펐다. 한국교회를 바라봐도 슬퍼졌다. 우리 교회 성도들을 생각만 해도 그냥 눈물이 났다. 그때부터 눈물이 터지기 시작하는데 끝없이 흐르고 또 흘렀다. 그래서 "주님, 이 마음을 주님께 드립니다" 라고 고백을 했다.

내가 금식을 시작한지 30일째 되는 날 주님께서 나에게 세 가지 응답을 주셨다.

첫째는 네 마음을 넓혀라.

두 번째는 10년을 기다려라.

세 번째는 성전을 주겠다는 것이었다. 그렇게 1998년도에 주님의 마음을 깨닫게 되고 응답 받은 후 10년이 지났다.

응답 받을 때 사도행전 20장 22절에서 24절까지의 말씀이 떠올랐다.

"보라 이제 나는 심령에 매임을 받아 예루살렘으로 가는데 저기서 무슨 일을 만날는지 알지 못하노라 오직 성령이 각 성에서 내게 증거하여 결박과 환난이 나를 기다린다 하시나 나의 달려갈 길과 주 예수께 받은 사명 곧 하나님의 은혜의 복음 증거하는 일을 마치려 함에는 나의 생명을 조금도 귀한 것으로 여기지 아니하노라"

시내산에서 기도하고 난 다음에 복음 증거를 하는 일에 내 생명을 모두 주님 앞에 다 드려야겠다고 생각을 하고 사역을 하게 되었다.

4. 기도는 나를 지탱해주는 힘이다

나의 어머니는 내가 어릴 때부터 기도를 많이 하셨다. 그리고 항상 나에게 이렇게 말씀하셨다.

"너는 목사가 되어야 한다. 목사가 되려면 세상 다 버리고 기도하는 주의 종이 되어야한다."

어머니는 항상 기도하도록 나에게 말씀하셨다. 이 기도의 습관이 나의 앞길을 늘 열어 주었다.

나는 신학 대학 다닐 때에 휴학을 하고 군에 입대하였다. 입대 전에 "3년 동안 군 생활을 그냥 헛되이 보내지 않게 하시고 기도 많이 할 수 있도록 허락해 달라"고 간절히 기도하고 군에 들어갔다. 군에 들어가서 보초를 설 때 2시간씩 서게 되었는데 6시, 8시, 10시, 2시, 4시에 보초를 섰다. 이 일은 선임하사를 찾아가서 일부러 부탁하여 얻은 시간이었다.

"선임하사님, 2시부터 4시까지 고정적으로 보초를 세워 주십시오."

"다른 군인들은 제일 보초서기 싫은 시간이 그 시간인데 너는 왜 새벽 2시부터 4시까지 서려고 하느냐?"

"예, 저는 사회 있을 때부터 그 시간은 잠을 안 잤습니다."

"그럼 사회에서 무엇을 했나?"

"예 그냥 잠을 안 자는 직업을 가져서 여기 와서도 그 시간에는 잠을 못 잡니다. 그러니 잠을 안 자는 그 시간에 저를 넣어 주십시오."

"알았다."

그 때부터 새벽 2시부터 4시까지 고정 배치 보초가 됐다. 그러던 어느 날 갑자기 나에게 휴가장을 주면서 3일 동안 집에 갔다 오도록 휴가를 보내줬다.

그래서 '야, 내가 이렇게 남들 자는 시간에 보초를 서니까 나를 좋게 보셔서 특별 휴가를 보내주는가 보다' 라고 생각하고 3일 동안 집에 가서 놀다가 들어와서 "다녀왔습니다! 일병 최요한 3일간 휴가를 잘 마치고 무사히 복귀했습니다. 이에 신고합니다" 하니까 "그래 잘 갔다 왔어?" 라고 묻는 것이었다.

"예, 잘 다녀왔습니다."

"그래, 아버님 잘 계셔?"

"예, 아버님 잘 계십니다."

"아버님 건강하시고?"

"예, 아버님 건강하십니다."

"아버님 이상 없어?"

"예, 이상 없습니다."

"야 임마, 그럼 너 왜 밤마다 '아버지, 아버지' 하고 울고 자빠졌어? 이 자식아! 너 임마 밤마다 아버지! 하고 울었잖아, 자식이!"

알고 보니 하나님 아버지께 기도하면서 "아버지! 아버지!" 이렇게 기도하니까 선임하사가 가슴이 찢어졌던 모양이다. 이 졸병이 분명히 집안에 사정이 있는데 말은 못하고 저렇게 보초를 서면서 울고 있다고 생각했던 것이다. 그래서 "집에 갔다 오라"고 특별휴가를 보내준 것이었다.

그런데 이 사건이 부대에 소문이 났다. 지휘관들이 모여서 "야! 우리 막사에 진짜 골수 예수쟁이가 왔다"고 웃는 소리로 말하는데 지휘관 부대장이 심각해졌다. 소대장을 부르더니 "저놈 자식! 강원도 전방 산 위 고지로 보내라. 저놈 자식 보내서 기도만 시켜라. 저놈 있으면 우리 부대 안 된다"라고 말하는 것이었다. 알고 보니 그 부대장은 불교 골수 분자라서 기독교 골수 분자가 있으면 부대가 안 된다고 생각하였던 것이다.

강원도 산 정상으로 옮겨서 "신고합니다! 일병 최요한 명받고 들어왔습니다." 하고 인사하자마자 "너는 지금부터 오후 1시까지는 60만뿐만 아니라 대한민국을 위하여 기도하는 시간이야" 라고 명령하는 것이 아닌가. 그래서 그 이후로 나는 그 산 부대에서 아침에 눈뜨면 밥 먹고 산으로 기도하러 갔다. 60만 군인 가운데 기도사병은 나 하나 밖에 없었으리라. 나는 군에서 그렇게 기도 생활을 하게 된 것이 너무나 감사했다.

제대하고 난 다음에 결혼 준비 기도를 7년 동안 했다. 목회자는 사모가 중요하다고 주위에서 충고를 많이 해주어서 하루에 3번 기도했다. 하루에 3번 7년 동안 배우자를 위해 기도했다.

아내를 처음 어느 기도원 원장의 소개로 만났는데 내가 기도했고 생각했던 스타일이 아니었다. 나는 좀 키도 작고 통통하고 동양적인 스타일을 바랐는데 보니까 첫인상이 전부가 굵어보였다. 손가락도 크고 발가락도 크고 입도 커 보였다. 그래서 "내 스타일하고 분위기가 아니구나" 하고 30분 동안 그냥 얘기만 하다가 돌려 보내려고 서로 기도하고 헤어지자고 하고 기도하는데 "네가 7년 동안 기도하던 그 여자다" 라고 내 마음속에 감동이 오는 것이었다. "주여 고정하옵소서 처음부터 아니옵니다” 라고 했더니 사모로 동역자로 받아들이라는 음성이 마음을 두드렸다. 그리고 “저를 시험하시는 것인가요?” 라고 묻는 순간 내 마음속에 변화가 일어났다. 그래서 결혼을 했다.

기도는 나의 목회를 지탱해 준 힘이었다. 그래서 시내산 기도도 결행할 수 있었던 것이다.

2장

아브라함의 기도

"그 사람들이 거기서 떠나 소돔으로 향하여가고 아브라함은 여호와 앞에 그대로 섰더니 가까이 나아가 가로되 주께서 의인을 악인과 함 멸하시려나이까 그 성중에 의인 오십이 있을찌라도 주께서 그곳을 멸하시고 그 오십 의인을 위하여 용서치 아니하시리이까 주께서 이같이 하사 의인을 악인과 함께 죽이심은 불가하오며 의인과 악인을 균등히 하심도 불가하니이다 세상을 심판하시는 이가 공의를 행하실 것이 아니니이까 여호와께서 가라사대 내가 만일 소돔 성중에서 의인 오십을 찾으면 그들을 위하여 온 지경을 용서하리라 아브라함이 말씀하여 가로되 티끌과 같은 나라도 감히 주께 고하나이다 오십 의인 중에 오인이 부족할 것이면 그 오인 부족함을 인하여 온 성을 멸하시리이까 가라사대 내가 거기서 사십 오인을 찾으면 멸하지 아니하리라 아브라함이 또 고하여 가로되 거기서 사십인을 찾으시면 어찌 하시려나이까 가라사대 사십인을 인하여 멸하지 아니하리라 아브라함이 가로되 내 주여 노하지 마옵시고 말씀하게 하옵소서 거기서 삼십인을 찾으첩 어찌 하시려나이까 가라사대 내가 거기서 삼십인을 찾으면 멸하지 아니하리라 아브라함이 또 가로되 내가 감히 내 주께 고하나이다 거기서 이십인을 찾으시면 어찌 하시려나이까 가라사대 내가 이십인을 인하여 멸하지 아니하리라 아브라함이 또 가로되 주는 노하지 마옵 내가 이번만 더 말씀하리이다 거기서 십인을 찾으시면 어찌 하시려나이까 가라사대 내가 십인을 인하여도 멸하지 아니하리라 여호와께서 아브라함과 말씀을 마치시고 즉시 가시니 아브라함도 자기 곳으로 돌아갔더라"(창18:22-33)

1. 기도에 관한 시각을 교정하라

우리나라 교회는 기도의 열심은 있는데 자기중심적 기도를 하는 경향이 있다. 기독교 역사 2천년을 통틀어 우리나라처럼 철야기도하고 새벽기도하면서 이렇게 집단적으로 기도를 많이 하는 나라는 없다. 그래서 외국에 있는 목사님들이 한국에 와서 한국교회 새벽 기도를 보고 깜짝 놀란다. 어린아이까지 데리고 나와서 기도할 정도로 열심인데 문제는 오늘날 많은 사람들이 하나님의 뜻을 구하는 기도가 아니라 내 뜻 위주로 기도를 한다는 데 문제가 있다. 그런 것을 '소원중심적 기도' 라고 한다.

독일의 기독교 사상가인 프레드릭 뷔흐너라는 사람이 처음으로 '소원중심적 사고' 라는 말을 사용하였다. 이 말의 의미는 기독교인들이 자기가 가지고 있는 작은 소원들만 호소한다는 것이다. 자기가 가지고 있는 소원만 최선으로 생각하고 그것이 안 되면 실망하고 좌절한다. 그렇게 기도하기 때문에 하나님의 더 크고 놀라운 뜻을 모른다.

예를 들어 병들면 곧 낫게 해달라고만 기도하는데, 반대로 그 병을 통하여 하나님께서 내게 무엇을 말씀하시는지 그 뜻을 알고자 기도해야 하는 것이다. 어떤 문제가 일어났을 때 그 사건을 통해 하나님께서는 우리를 통해 이루시고자 하시는 것이 있고 반드시 원하시는 것이 있다. 그런데 그것에 대해서는 생각하지 않고 내가 원하는 것만 기도하면 그 사람은 절대로 하나님의 뜻을 분별할 수가 없다.

한국 교인 중에서 대다수를 차지하는 기도의 유형 두 가지를 사례로 들고자 한다.

어느 칼빈대학교 교수가 이런 말을 했다. 중국에 있는 우리나라 조선족교회 지도자들이 우리나라 교회에 와서 예배시간에 가장 놀란 점이 있는데, 기도의 내용에 놀란다고 한다. 조선족이 볼 때는 우리나라 교인들의 생활 수준에는 부족한 게 없이 갖출 것 다 갖추고 자유롭게 신앙생활하면서 경제적으로도 자기들보다 월등하게 잘 산다고 생각한다. 그런데 우리나라 교인들이 기도할 때 보면 처음부터 끝까지 "주시옵소서"로 시작했다가 "주시옵소서"로 끝나더라는 것이다. 계속 달라는 기도를 하는 것을 보고 너무 놀라웠다고 했다.

중국교회에서는 "쓰임 받게 해주시옵소서! 섬기게 해 주옵소서"라고 기도한다고 한다. 어렵게 생활하는 자신들도 그렇게 기도하는데 풍족한 한국교회가 달라는 것으로 일관된 기도를 하니 얼마나 놀랐겠는가?

이 교수가 실제로 중국의 조선족교회에 가서 예배를 드리면서 그것에 대해서 묻고 기도하는 내용도 들었는데, 대표 기도하는 사람이 해달라는 기도도 있지만, 대부분 우리가 어떻게 해야 되는지, 또 어떻게 하나님을 섬겨야 되는지 깨닫고 일할 수 있도록 도와 달라는 기도를 주로 드리더라는 것이다. 즉, 하나님의 뜻대로 살게 해달라는 하나님 중심적 기도를 하는 것이다. 그렇게 하는 기도야말로 기도의 바른 자세라고 생각한다.

또 한가지 사례를 들어 보자. 9 · 11테러 때 세계무역센터빌딩이 무너져서 많은 사람이 죽었다. 쌍둥이 빌딩 옆에 있던 한국 교포 교회의 목사님이 생존 감사 예배를 드렸는데 "빌딩 두 개가 무너졌을 때 그 빌딩에 우리 교인들이 있었지만 한 명도 안 죽었어요. 하나님께서 특별히 우리교회를 지켜주셔서 한 사람도 안 죽어서 이렇게 감사예배를 드립니다"라고 말씀하셨다. 그러나 바로 옆에 있는 미국교회에서는 그 건물에 근무하는 자기 교회 교인 3분의 2 이상이 사망했다고 한다. 그 교회에 출석하던 교우 중 높은 층에 있는 사람은 다 죽었다. 한쪽에서는 구원받았다고 감사 예배하고 한쪽에서는 장례 예배를 드렸다.

그런데 미국인 교회 목사가 감사의 글을 올렸는데 그 내용은, "비록 많이 죽었지만 남이 죽을 자리에 우리 교인들이 기꺼이 죽었다면, 오히려 그 죽음에 대해 감사한다"라고 쓰여있었다. 그는 자기 교회 교인들이 대신 그 자리에 있어서 오히려 하나님께 감사하였다. 칼빈대학교 교수가 전한 말에 의하면 미국 신문에 그 내용이 실렸는데, 제목이 "서로 다른 두 하나님"이라고 적혀 있었다고 한다. 그래서 어느 신문에서는 "그러면 어느 것이 진짜 기독교 하나님이냐?"라고 비꼬는 기사를 내기도 했다.

얼마나 부끄러운 일인가? 우리 그리스도인들이 말할 때나 행동할 때 한번 더 깊이 하나님의 뜻을 헤아려 보았으면 좋겠다. 한쪽에선 너무나 많은 죽음 때문에 애통해하고 있는데 다른 쪽에선 우리교회 교인들은 다 살았으니까 우린 행복하고 기쁘고 감사하다고 잔치한다면 그게 과연 옳은 것일까? 그게 정말 하나님께서 기뻐하시는 것일까? 그런 상황에서는 내가 살아서 기쁘기보다는 남들이 그런 희생을 당했기 때문에 애석하다는 마음을 갖고 그들의 아픔에 동참하는 것이 바른 자세라고 생각한다. 그게 하나님의 뜻일 것이다.

2. 의와 공도를 위한 기도를 하라

그런 점에서 아브라함은 우리와 차원이 달랐다. 아브라함은 하나님의 뜻이 무언지를 알고 그것을 이루게 해달라고 기도했다. 하나님께서는 아브라함이 75세 때 민족의 축복을 약속해 주셨는데, 그 이유가 창세기 18장 19절에 나온다. 하나님께서 아브라함을 찾아오셨을 때, 처음 그를 부를 당시에 밝히신 언약의 목적을 회상케 하셨다. 의와 공도가 있는 나라를 세우도록 하라고 하셨다.

> "내가 그로 그 자식과 권속에게 명하여 여호와의 도를 지켜 의와
> 공도를 행하게 하려고 그를 택하였나니 이는 나 여호와가 아브리
> 함에게 대하여 말한 일을 이루려 함이니라"(창 18:19)

하나님께서는 아무 자격도 없는 사람을 불러내서 언약의 상대자로 삼고 "너를 나의 백성으로 삼고 너로 말미암아 만민이 복을 받게 하리니 너는 의와 공도로 민족을 세울지라" 고 하시면서 하나님의 일꾼 되게 하기 위해서 사명자로 불렀다. 이것이 하나님께서 아브라함을 택하신 목적이었고, 아브라함의 소명이었다.

그러면 의와 공도를 세우도록 하라는 말의 의미가 무엇일까? 의는 사랑이고 공도는 심판을 말한다. 의란 이웃에 대한 사랑과 관심이고, 공

도는 엄격한 법의 적용이다.

미국 어느 유치원에서 우리가 잘 아는 개미와 베짱이 이야기를 들었는데 우리하고 결론이 달랐다. 우리는 베짱이가 여름 내내 놀다가 겨울이 되어서 먹을 것이 없어 개미집에 가는데, 개미가 "너는 여름에 놀았고 나는 일했으니까 너는 자격이 없다"고 하면서 문을 탁 닫아버린다. 그리고 결론은 열심히 일하자는 것이다. "각자 열심히 일하자, 게으른 자는 나중에 어려움을 당한다"는 것이 결론이다.

그런데 미국에서는 그렇게 안 가르친다고 해서 놀랐다. 여름철 이야기와 베짱이가 찾아가는 것까지는 똑같다. 그런데 개미가 문을 열어 주면서 "들어와, 내가 열심히 일해서 모든 사람들과 나눌 만큼 넉넉히 준비했어. 겨울 내내 눈이 올 때 당신은 여름에 바이올린 켜는 연습을 했으니 나를 즐겁게 해주고, 나는 음식을 준비했으니 우리 같이 행복하게 살자"라고 결론을 맺는다. 그래서 결론은 각자 일한대로 먹고 없으면 굶자는게 아니고 서로 돕고 사랑하고 살자는 것이다. 같은 내용인데 결론이 다르다.

개미와 베짱이 이야기는 한국에도 있고 미국에도 있는데 그것을 해석하는 방식이 다르고, 결론을 내리는 방식이 다르다. 우리는 개미와 베짱이 이야기를 듣고 "나는 베짱이처럼 살지 않아야 되겠다"라고 생각하는데, 미국에서는 그 베짱이를 받아들이고 함께 공존하는 기쁨을 알게 해준다.

우리식 개미와 베짱이 이야기는 열심히 일한 사람에게는 상을 주고 여름에 놀았던 사람한테는 벌을 주는 마치 율법만 오로지 유일한 가치로 생각되게 만든다. 그러나 하나님께서 아브라함을 부르실 때 그런 율법적인 나라만을 생각한 것이 아니다. 하나님께서 아브라함을 부르실 때 세우고자 한 나라는 미국식 개미와 베짱이 이야기에서 나오는 내용처럼 진정한 기독교 정신과 복음의 정신을 가지고 그런 사랑의 나라를 세우라는 것이었다.

시골에 가면 돌담이 있는데, 이 돌담은 큰 돌 작은 돌을 쌓아서 담을 만든다. 견고하게 선 돌담에 하나도 같은 돌이 없다. 하나님께서 원하시는 나라는 정확하게 규격화된 벽돌로 세우는 나라가 아니다. 하나님이 세우시는 나라는 시골 돌담 같은 나라이다. 그냥 자연스럽게 생겨난 것들을 모아 서로 어울리도록 담을 만드는 것이다. 그게 의로움이다. 있는 그대로 받는 것이다. 약한 것은 약한 대로 받고, 큰 것은 큰 것대로 받고, 큰 자가 약한 자를 지배하지 않고, 약한 자도 큰 자를 업신여기지 않는, 그러면서 조화로운 사회, 그게 바로 의로움이다.

사실 남을 정죄하고 심판하는 공도라는 것은 쉽다. 공도라는 것은 사람들의 자연적 본성이다. 그래서 공도보다 높은 것이 의다. 아벨의 기도는 내가 억울하게 죽었으니 원수를 갚아달라는 공도의 기도이다. 그러나 예수님의 기도는 원수들이라도 용서해 달라는 의의 기도이다.

그래서 의란 아무 공로 없는 자를 자녀로 삼는 것으로 하나님 앞에 자녀가 되게 하고 의인이 되게 하는 것이다. 일하지 않은 자를 일한 자로 대우하고 의롭지 않은 자를 의롭다고 인정하는 것이다. 이러한 의로운 면이 우리나라 교회가 약한 점이다.

하나님의 의에 이끌리는 기도를 많이 해야 된다. 그러기 위해서는 내가 희생하고 수고해야 되고 인내해야 된다. 하나님께서 아브라함에게 찾아왔을 때 그에게 원한 것도 바로 의에 근거한 기도를 하기 원했던 것이다. 그러니까 더운물 찬물을 같이 갖고 있어야 된다. 냉정한 법만 너무 강조하면 차가운 물이 흐른다. 그래서는 안 된다. 자비라고 하는 따뜻한 물도 흘러야 된다. 그렇다고 너무 따뜻한 물만 흐르면 부패하기 쉽다.

바닷물을 보면 참 신기하다. 한류와 난류가 흐르고 그러므로 고기들이 풍성하게 살 수 있다. 우리 생각에는 따뜻한 물과 찬물이 섞이면 미지근한 물이 될 것 같은데 한류의 길과 난류의 길이 있어서 서로 섞이지 않는다. 한류성 해류는 한류만 타고 흐르고 난류성 해류는 난류만 타고 흘러서 풍성한 바다가 되는 것이다. 법은 차갑지만 사랑은 따뜻하다.

이 두 가지가 서로 균형을 잡아 주어야 조화로운 사회가 유지된다.

엄위하신 하나님만 알고 있으면 사랑이 메마른 사회가 되고 만다. 딱딱하고 무서운 사회가 된다. 반면에 항상 웃는 하나님만 생각하고 진노할 줄 모르는 하나님만을 생각하면 하나님 무서운 줄 모른다. 오늘날 21세기 교회 교인들은 하나님의 진노를 모르고 사는 경우가 많다. 그래서 프란시스 쉐퍼가 "21세기 교회는 진노하시는 하나님을 모르는 교인들로 가득 찼다"고 말했다. 하나님이 진노한다는 사실을 알지 못하고, 잊고 산다는 뜻이다.

프란시스 쉐퍼는 우리에게 이렇게 경고를 주고 있다.

"하나님은 호텔 벨 보이가 아니다."

우리는 하나님을 벨 보이라고 착각하고 손님 비위나 맞춰 주는 가벼운 존재로 착각할 때가 많다. 하나님은 그런 분이 아니다. 교인들의 비위만 맞춰주는 그런 소극적인 하나님이 아니다.

의를 위해서는 반드시 원칙이 있어야 된다. 그러나 원칙만을 따르는 딱딱하고 냉정한 조직이 되어서는 안 되고 동시에 사람들을 향해서 눈물 흘리고 품을 수 있는 따뜻한 사랑이 있어야 된다. 법과 함께 자비를 베풀라는 것이 바로 하나님의 성품이자 우리에게 요구하시는 신앙의 자세이다. 진노 가운데도 긍휼을 베풀기를 잊지 않으시는 하나님, 그 하나님께서 엄격한 법과 따뜻한 사랑이 공존하는 나라를 세우라고 하신 것이다.

3. 아브라함의 기도는 제사장적 기도이다

하나님께서 소돔성을 방문하시는 장면 중 제일 눈에 띄는 것은 아브라함이 소돔을 위해 간구하는 장면이다. 소돔성의 멸망에 대하여 미리 알고 아브라함이 탄원하는 기도를 하나님께 드릴 때 롯에 대해 한 마디도 기도하지 않는 것을 주의해서 살펴봐야 한다. 우리가 짐작하기는 아브라함이 특별히 롯 때문에 기도한 것이라고 생각할 수 있지만, 그러나 조금 시각을 돌려서 보면, 아브라함은 단지 롯만을 위해서가 아니라 더 넓게 바라보며 롯이 살고 있는 소돔 땅의 사람들과 소돔 도시에 대한 애착을 가지고 기도했던 것을 알 수 있다. 이것은 긍휼한 마음에서 나오는 진정한 사랑이다. 비록 악한 도시이지만 아브라함은 그 도시 자체가 모두 멸망할 것에 대한 안타까움이 있었다.

아브라함은 이 일을 위해 여섯 번씩이나 탄원하였다. 뻔뻔하리만치 강청함으로 여섯 번씩이나 간구하는 자세가 하나님께서 기뻐하시는 기도라는 것을 기억해야 한다. 형제를 위해서 기도하든지 가족을 위해서 기도하든지 혹은 국가와 사회를 위해서 기도하든지 간에 기도할 때는 이와 같이 매순간 자신의 모든 것을 걸고 기도해야 한다.

하나님께서 분명히 50명이라고 했는데 불경스럽게도 아브라함은 45

명으로 낮춰서 여쭤본다. 하나님이 50명이라고 하면 쉬운 말로 재판장이 최종 선고를 한 것이나 다름없다. 이것은 변경 불가능한 것이다. 재판장이 일단 선고하면 변호사가 아무리 뭐라고 해도 번복할 수가 없는 것과 마찬가지 상황이었다. 그런데 아브라함은 계속 숫자를 깎아 말하였다.

어떤 신학자는 시장터에 장사꾼 흥정하듯 하나님을 대했다고 표현하였다. 어떻게 보면 흥정보다 더 강하게 따지듯 강경하게 말을 하였다.

> "주께서 이같이 하사 의인을 악인과 함께 죽이심은 불가하오며
> 의인과 악인을 균등히 하심도 불가하니이다 세상을 심판하시는
> 이가 공의를 행하실 것이 아니니이까"(창 18:25)

이 모습은 하나님을 가르치는 태도이다. 그럼에도 불구하고 하나님께서는 무례함을 무릅 쓰고 기도하는 아브라함의 모습을 보고 오히려 기뻐하셨다. 즉 아브라함의 기도를 받아주셨다. 이러한 상황을 볼 때 하나님의 마음은 죄인이 죄 가운데 멸망하는 걸 원치 않는다는 것을 알 수 있다. 그런 하나님의 자비로우심을 이 땅에 드러낼 사람을 지금도 찾고 계신다. 하나님께서는 모든 기도를 다 기뻐하시지만 특히 죄인을 위해 탄원하는 기도를 가장 기뻐하신다. 부끄러워하거나 포기하지 않고 계속해서 죄인 편에서 응답이 있을 때까지 간구하는 기도의 모습이 제

사장적 기도의 가장 중요한 핵심이라고 할 수 있다.

신약에서도 보면 주님이 기뻐하는 기도의 특징은 끝까지 포기하지 않으며 굽히지 않고 간구하는 기도이다.

신약의 대표적인 기도를 누가복음 11장에서 찾아볼 수 있는데, 밤늦게 자기 집에 찾아온 손님으로 인해서 친구 집에 가서 떡을 달라고 요청하는 장면이 나온다. 집주인이 우리 식구들이 전부 잠자리에 들었기 때문에 당신에게 떡을 줄 수 없다고 거절하지만 찾아온 사람은 밖에서 떡을 달라고 계속해서 부르짖는다. 늦은 시간에 찾아와서 떡을 달라는 게 얼마나 무리한 요구인지 상상해보라. 그러나 그런 무례한 요구를 해서라도 자기가 구하는 것을 받을 때까지 구하라고 성경은 가르친다.

아브라함의 기도의 내용을 통해 나 아닌 다른 사람의 용서를 위해 기도하는 기도의 자세를 배울 수 있다. 그러한 기도를 하나님께서 기뻐하신다는 사실도 알 수 있다. 제사장적 기도는 쉽게 말해서 남의 불행을 나의 불행으로 여기는 마음을 의미한다. 이는 하나님께서 한 죄인을 심판하시려고 할 때 "하나님, 차라리 저를 벌해주십시오" 라고 말씀드리면서 양팔을 벌리고 막아서는 자세를 말한다. 이것은 정상적인 인간의 마음이 아니다. 많은 사람들이 타인의 불행에 기뻐하고 남의 행복에는 배 아파한다. 필립 얀시는 말하기를, "저 사람의 행복을 내가 눈뜨고 보느니 차라리 나의 불행 속에서 죽게 해 주옵소서”라는 마음이 다 있다고 하였다.

아마데우스에 보면, 살리에르가 나오는데 그가 힘들게 겨우 작곡을 해놓으면 탁월한 재능을 가진 모짜르트가 고쳤다. 그러면 훨씬 더 아름다운 곡이 나오니까 괴로워하는 장면이 나온다. 자기도 이미 궁중악사인데 나이 어린 소년에게 질투를 느끼고 “왜 나를 이렇게 만들었느냐? 재능을 주지 않았느냐?”고 말한다. 남의 행복을 나의 행복으로 받아들이는 것은 성자의 경지에 이른 사람이 할 수 있는 상상할 수 없이 넓은 마음이다.

내가 상담했던 사람 중에 유명한 작가 부부가 있는데 부인이 평생 결혼생활에 행복을 느끼지 못했다. 이유는 남편이 자기보다 글을 더 잘 썼기 때문이다. 남편이 작가로서 명예를 얻었기 때문에 보통 사람들이 생각할 때는 남편이 잘되면 부인이 기뻐할 것 같은데 그렇지 않다는 것이다. 남편이 자기보다 더 승승장구하고 명예를 얻게 되자 그 부인은 남편의 성공 때문에 불행을 느낀다는 것이었다. 얼마나 아이러니한가? 남편의 행복이 자기에겐 불행이 되는 것이다. 그것보다 비참한 인생이 없다.

그래서 아브라함의 제사장적인 기도가 위대한 것이다. 소돔 사람들은 아주 악한 사람들이었다. 망해야 마땅한 사람들이었다. 하나님께서 가장 혐오하시는 동성연애가 행해진 곳이 소돔이다. 그러나 죄악이 관영한 소돔 땅은 인간적으로는 너무나 살기 좋은 곳이었다. 여호와의 동산 같은 곳이었다. 아브라함 입장에선 소돔과 고모라가 망해도 상관없다. 아니 오히려 아브라함에게는 절호의 기회가 될지도 모를 일이었다. 그 이유는 소돔과 고모라를 차지했던 원주민들이 멸망해 다 죽으면, 에덴 같은 좋은 땅에 가서 아브라함이 살 수 있게 될 수도 있는 일이었다. 그럼에도 불구하고 소돔성 사람들을 위한 중보기도를 한, 구약에서 가장 빛나는 아름다운 별과 같은 기도가 아브라함의 기도이다.

아브라함이 진심으로 소돔과 고모라가 보존되기를 원했던 마음은 다섯 번씩이나 탄원한 것을 보면 알 수 있다. 가식적인 기도가 아니었다. 남의 불행이 내게 행복이 되는 때에 그 사람 행복을 구하는 것은 쉽지 않다.

모세는 출애굽기 32장에서 범죄한 이스라엘 백성들을 위해 이렇게 하나님께 기도하였다.

> "그러나 합의하시면 이제 그들의 죄를 사하시옵소서 그렇지 않사오면 원컨대 주의 기록하신 책에서 내 이름을 지워버려주옵소서"
> (출 32:32)

바울도 로마서 9장에서 그런 기도를 하였다.

> "나의 형제 곧 골육의 친척을 위하여 내 자신이 저주를 받아 그리
> 스도에게서 끊어질찌라도 원하는 바로라"(롬 9:3)

이러한 기도의 태도로 우리는 하나님 앞에서 형제들이나 내 이웃이
나 혹은 나라를 위해서 기도해야 한다. 양파를 까면 계속해서 껍데기가
나오듯이 우리의 기도가 나, 우리 교회, 우리 직장, 우리 사회, 우리나라
그리고 세계선교라고 하는 더 넓은 차원으로 뻗어나가야 된다. 먼저 이
런 기도를 하려면 남의 불행을 나의 불행으로 여겨야 하고 남의 행복을
나의 행복으로 받아들이는 긍휼한 마음을 가져야 한다. 우리 아이들이
잘 되기 원하면 남의 집 아이를 먼저 구하고, 내 사업이 잘 되기 원하면
내 이웃의 사업이 흥하도록 먼저 기도해야 된다. 우리 주위에는 인생의
막장까지 내려가서 누구 한 사람 그를 위해 불쌍히 여기고 기도해줄 사
람이 없는 처지에 있는 사람이 많다. "저 사람은 정말 무가치한 사람, 저
사람은 인간도 아니다" 라고 버려진 사람이 많다.

소돔은 바로 그런 사람들을 대표한 상징적인 도시이다. 하나님의 심
판을 받아 마땅한 사람들이지만 그들을 위해 기도해줄 사람이 필요하
다. 하나님께서는 그들을 위해서 기도하기를 바라고 계신다. 그래서 제
사장적 탄원은 정말 중요한 기도이다. 하나님께서는 사람들이 죄 가운

데 멸망하기를 원치 않으신다.

> "하나님은 모든 사람이 구원을 받으며 진리를 아는데 이르기를
> 원하시느니라"(딤전 2:4)

하나님은 소돔 사람들을 위해 누군가 기도해주기를 원하셨기 때문에 그들의 회개를 위해서 누가 기도해 줄 것인가를 물으셨다. 소돔은 법도 없고 거룩함도 없이 죄악으로만 가득한 곳이기 때문에 멸망 받아 마땅하지만 하나님께서는 아브라함을 그 성을 위해 탄원하는 기도자로 세우기를 원하셨다.

우리는 보통 타인을 위해 기도할 때는 조금이라도 일말의 가능성이 보이는 사람들을 위해서 기도하려고 한다. "저 사람은 100퍼센트 변화 가능성이 없습니다. 저 사람은 절대로 돌아서지 아니할 사람입니다"라고 낙인을 찍어 놓은 사람을 위해서는 기도하는 것을 꺼려한다.

이런 점은 오늘날 한국교회 교인들이 돌이켜야 되는 기도의 자세이다. 우리는 언제나 그 사람의 변화가능성을 점치면서 기도하지만 하나님께서는 그런 기도의 자세를 원치 않는다. 오히려 "내가 멸망시킨다. 저 사람 끝났다. 내가 심판을 하러 가노라"고 말씀하는데도 그 도시를 위해서 탄원해 줄 사람을 하나님은 오늘 이 시대에도 찾고 계신다.

미국 프린스턴 신학교 입구에 가면 두 사람의 사진이 붙어있는데 한

사람은 찰스 하지, 한 사람은 일본인인 가가와 도요히꼬이다. 그 두 사람은 프린스턴 신학교에서 제일 존경받는 인물이다. 가가와 도요히꼬는 불치병을 선고받고 난 뒤에 얼마 남지 않은 생애를 하나님의 뜻대로 바치기로 하고 윤락 여성들 속에 들어가서 그곳에서 평생을 살다가 윤락여성의 무릎 위에서 숨을 거두었다.

그런데 학식이 높은 엘리트였던 가가와 도요히꼬가 창녀들하고 어울리면서 그들에게 전도를 했지만 생전에 한 명도 전도하지 못했다. 그때 친구가 찾아와서 이렇게 말했다.

"그래 네가 전도하니 저들이 믿더냐? 네 지금 사역이 무슨 결과를 낳았느냐? 아무도 너의 말을 듣고 변하지 않고 오히려 너를 이용해 먹고 있지 않냐? 걷어치워라."

그때 가가와 도요히꼬가 이렇게 말했다.

"내가 죽어야 비로소 열매를 맺을 것이다. 저들이 지금은 내 말을 이해하지 못하지만 내가 죽어야 그 자리 위에서 꽃이 필 것이다."

그리고 의미있는 말을 덧붙였다.

"저들을 위해서 누군가는 사랑을 베풀고 기도할 사람이 필요하지 않겠는가? 나는 하나님의 일을 대신하고 있을 뿐이다."

결국 그는 한 사람도 전도하지 못하고 죽었다.

그런데 놀라운 것은 가가와 도요히꼬가 죽은 다음에 비로소 창녀들이 변화를 받기 시작했다. 회개하고 하나님 앞에 돌아오는 역사가 일어났다. 그래서 프린스턴 신학교는 그들을 아시아의 성자라고 칭하며 신학교 입구에 사진을 붙여 놓았다.

우리는 기도의 폭을 넓혀야 된다. 우리 가족들 혹은 친구들, 자기 교회 교우들을 위해서만 기도할 게 아니다. 신문지상에서 악하다는 소문이 나고 사람들로부터 버림받은 사람들, 아무도 돌아보지 않는 사람들을 위해 탄원하는 기도를 해야 된다. 하나님께서는 그런 기도를 기뻐하신다. 아브라함처럼 그들을 위해 부르짖는 자세를 가져야 한다.

4. 탄원의 기도를 하라

하나님께서는 소돔성을 위해서 탄원하며 기도한 아브라함의 개인적인 소원도 들어주셨다. 아브라함은 한 번도 롯을 구해달라고 직접적으로 구하지 않았다. 그런데 하나님께서 탄원의 기도를 들으시고 소돔성을 멸망시키기 전에 롯의 가정을 구원하셨다. 개인적인 인간 관계의 소원을 구하지 않았지만 그 마음의 깊은 소원을 하나님께서 미리 아시고 아브라함을 위해 조카인 롯의 가정까지도 구하여 주셨다. 기도할 때 직접 소원을 아뢰서 응답 받기도 하지만 하나님의 마음을 기쁘게 해서 우리 마음속에 있는 소원을 친히 헤아리시므로 응답 받는 기도야말로 고차원적인 기도이다.

내 가정의 평강을 원한다면 먼저 주의 몸 된 교회에 평강을 달라고 구하라. 그러면 교회 평강을 주신 하나님이 결국 가정 평강도 주실 것이다.

"너희는 먼저 그의 나라와 그의 의를 구하라 그리하면 이 모든 것을 너희에게 더하시리라"(마 6:33)

하나님의 기뻐하심을 좇아 기도하면 우리가 기도하지 않을지라도 그 소원을 다 이루어 주신다. 마찬가지로 우리가 영혼을 위해 탄원하는 기도를 하면 당연히 갖고 있는 마음의 소원을 하나님께서 응답하신다.

그래서 좀 더 고차원적 기도를 할 필요가 있다. 내 기도를 정면으로 내세울 게 아니고, 하나님의 뜻대로 구하는 기도를 먼저 해야 된다. 그리고 소외된 사람들을 위해서 탄원하고 버림받은 사람과 억울한 사람과 심정을 같이하고 그들을 위해서 기도할 때 하나님께서는 오히려 기도하는 자에게 복을 주시는 것이다.

역대상 17장에서 다윗이 기도하면서 "여호와의 집을 짓겠나이다" 라고 했더니 하나님께서 "네가 나의 집을 짓겠느냐? 내가 너의 집을 지어 주겠다" 라고 말씀하셨던 것에서 하나님의 이러한 마음을 읽을 수 있다.

"다윗이 그 궁실에 거할 때에 선지자 나단에게 이르되 나는 백향
목 궁에 거하거늘 여호와의 언약궤는 휘장 밑에 있도다 나단이 다
윗에게 고하되 하나님이 왕과 함께 계시니 무릇 마음에 있는바를
행하소서 그 밤에 하나님의 말씀이 나단에게 임하여 가라사대 가
서 내 종 다윗에게 말하기를 여호와의 말씀이 너는 나의 거할 집을
건축하지 말라……
저는 나를 위하여 집을 건축할 것이요 나는 그 위를 영원히 견고하
게 하리라"(대상 17:1-4,12)

마찬가지로 우리도 "하나님의 집을 짓겠습니다"라고 하면, "네가 내
집을 짓겠느냐? 내가 너의 집을 지어주마"라고 하실 것이다.

우리가 고차원적으로 기도하다보면 하나님께서 내 가정, 내 자녀 모
두 다 책임져 주실 뿐만 아니라 오히려 구하지 아니한 것까지도 덤으로
주신다. 그래서 롯뿐만 아니라 롯이 피신한 소알성까지 구해 주신 것이
다.

다른 사람을 먼저 생각할 줄 알고 사랑하고 세워주는 마음이 성도의
삶이어야 한다. 아브라함이 바로 그런 삶을 살았다.

아브라함은 하나님으로부터 소돔과 고모라의 심판에 대해 들었을 때
그 성을 멸망시키는 것을 끝까지 안타까워하시는 하나님의 마음을 알
고서 그 성을 위해서 탄원하였다.

예수 그리스도께서 예루살렘을 바라보고 왜 우셨는가? 멸망 때문이

었다. 우리 그리스도인들도 하나님의 마음으로 세상의 악한 사람들과 불신자들을 안타깝게 바라보면서 제사장적인 탄원의 기도를 드려야 한다. 그럴 때 우리가 구하지 않은 마음의 소원까지 다 이루어 주시고, 우리를 아브라함처럼 하나님의 귀한 일꾼으로 들어 사용하여 주실 것 이다.

3장

야곱의 기도

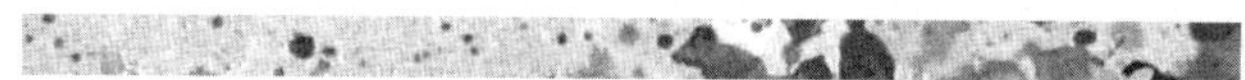

"야곱은 홀로 남았더니 어떤 사람이 날이 새도록 야곱과 씨름하다가 그 사람이 자기가 야곱을 이기지 못함을 보고 야곱의 환도뼈를 치매 야곱의 환도뼈가 그 사람과 씨름할 때에 위골되었더라 그 사람이 가로되 날이 새려하니 나로 가게 하라 야곱이 가로되 당신이 내게 축복하지 아니하면 가게 하지 아니하겠나이다 그 사람이 그에게 이르되 네 이름이 무엇이냐 그가 가로되 야곱이니이다 그 사람이 가로되 네 이름을 다시는 야곱이라 부를 것이 아니요 이스라엘이라 부를 것이니 이는 네가 하나님과 사람으로 더불어 겨루어 이기었음이니 야곱이 청하여 가로되 당신의 이름을 고하소서 그 사람이 가로되 어찌 내 이름을 묻느냐 하고 거기서 야곱에게 축복한지라 그러므로 야곱이 그곳 이름을 브니엘이라 하였으니 그가 이르기를 내가 하나님과 대면하여 보았으나 내 생명이 보전되었다 함이더라 그가 브니엘을 때에 해가 돋았고 그 환도뼈로 인하여 절었더라 그 사람이 야곱의 환도뼈 큰 힘줄을 친고로 이스라엘 사람들이 지금까지 환도뼈 큰 힘줄을 먹지 아니하더라" (창 32:24-32)

1. 야곱은 인생의 위기를 경험하였다

일생을 살아가다 보면 크고 작은 많은 문제들을 만난다. 그 문제들을 어떠한 방법으로 해결하는가는 중요한 일이다.

야곱은 죽느냐 사느냐 하는 인생의 최대 위기를 만난다. 그 최대의 문제를 야곱이 어떻게 해결했는지를 살펴보자.

이삭이 하나님께 간구하였고, 하나님이 축복하사 나이 60에 자녀를 주셨는데 쌍둥이를 낳는다. 먼저 나온 자가 에서요, 나중에 나온 자가 야곱이다. 야곱이 뒤에 나오면서 형 에서의 발꿈치를 잡고 나왔다. 하루는 에서가 들에서 사냥하고 돌아오는데 야곱은 집에서 팥죽을 맛있게 끓이고 있었다.

"야곱아, 그거 나 한 그릇만 먹어 보자."

"형님, 그럼 그 장자 권을 내게 파시오."

"장자 권? 그래, 장자 권을 너에게 주마."

야곱은 에서에게서 장자의 명분을 빼앗았는데 에서는 그것도 모르고 장자 권을 팥죽 한 그릇에 넘겨주었다.

이제 이삭이 나이 많아 눈이 보이지 않고 죽을 날이 가까워졌다.

"에서야 듣거라. 내가 이제 늙어 어느 날 죽을지 알지 못하니 너는 이제 들어가서 사냥하여 별미를 만들어 오너라. 내가 그것을 먹고 마음껏 너를 축복하리라."

그래서 에서는 전통과 활을 가지고 사냥하러 들에 나갔다. 그때 야곱은 집에서 염소를 잡아 별미를 만들고 손과 목에 염소 털을 붙이고 형님처럼 변장을 하고 이삭에게 들어갔다. 이삭은 야곱에게 간절히 축복해 주었다. 그런 후 에서가 들에서 사냥을 해서 별미를 만들어 가져왔지만 알고 보니 야곱한테 또 속았다. 그때부터 에서는 야곱을 죽이기로 결심을 했다.

야곱은 축복은 받았지만 형님과 아버지를 속인 일 때문에 큰 위기를 만나 결국 고향산천 부모형제를 떠나 먼 이국땅 하란이란 곳으로 피난을 갔다. 그리고 외삼촌 라반의 집에서 양과 짐승을 기르는 목동이 되어 20년간 머슴살이를 하게 되었다. 그동안 부인 넷을 얻고 아들 11명을 낳았다. 그런데 처자식은 많고 재산이 없자 다시 외삼촌을 속였다.

"외삼촌이여, 이제 나는 내 고향으로 돌아가겠습니다. 그러나 외삼촌이 나와 한 가지 계약을 하면 돌아가지 않고 여기 있겠습니다."

"무슨 계약인가?"

"외삼촌의 양이나 짐승 중에 점박이나 아롱진 것은 다 나에게 주시고 양이 새끼를 낳을 때 아롱진 것을 낳으면 내 것으로 만들어 주십시오."

라반이 듣고 짐승 중에 점박이나 아롱진 것은 몇 마리가 안 되므로 값이 나가지 않으니 야곱의 말대로 계약을 했다.

그때부터 야곱은 버드나무, 살구나무, 신풍나무의 껍질을 벗기고 얼룩무늬를 만들고 개천에 두어 물먹을 때마다 짐승들 앞에 두었는데, 새끼를 낳는데 보니까 전부 아롱진 점박이를 낳게 되었다. 그래서 야곱의 양떼가 많아지고 부자가 되었다. 이렇게 부자가 되었지만 이때부터 외삼촌의 가족들은 야곱을 미워하기 시작했다.

'저놈이 우리 아버지의 재산을 다 뺏아갔다.'

결국 여기서도 야곱은 중대한 환란을 겪어야만 했다. 야곱은 더 이상 외삼촌의 집에 있을 수 없다고 느끼고 몰래 하란을 떠나 고향으로 돌아갔다. 사랑받고 있던 야곱은 그 집에서 원수가 되어 야반도주하였다.

야곱이 얍복 강가에 도착했을 때, 강을 건너가면 고향이 보이는데 그곳을 보니 자기를 죽이려고 형님이 기다리고 있었다. 형 에서가 군대 400명을 거느리고 무장하여 오고 있었다. 막다른 골목이었다. 살길이 없었다. 큰 위기에 빠졌다. 마지막으로 자기의 재산 중에서 제일 좋은 것을 선물로 두 패로 나눠 강 건너편으로 보내서 마음을 달래보려고 하지만 에서의 마음을 돌리지 못하고 실패로 끝났다.

이제 야곱이 동서남북을 바라봐도 피할 길이 없고 도울 자도 없었다. 칠흑같이 어두운 밤이 찾아왔다. 이러한 절대 절망의 위기에서 야곱은 얍복강가에서 간절한 기도를 함으로 그 엄청난 문제를 해결 받고 극한적인 위기상황에서 구출 받은 기적적인 사건을 경험했다. 하나님께서 에서의 마음을 녹이셔서 야곱을 용서하여 아름다운 형제관계를 회복시켜 주었다.

그러면 야곱이 어떻게 위기를 극복하고 기도의 사람이 되었는가를 살펴보자.

2. 야곱은 하나님의 언약을 붙들고 기도하였다

야곱은 하나님께 "고향으로 돌아가라 하신 하나님! 에서의 손에서 건지소서" 라고 언약을 믿고 믿음으로 기도했다.

"야곱이 또 가로되 나의 조부 아브라함의 하나님, 나의 아버지 이삭의 하나님 여호와여 주께서 전에 내게 명하시기를 네 고향, 네 족속에게로 돌아가라 내가 네게 은혜를 베풀리라 하셨나이

다 나는 주께서 주의 종에게 베푸신 모든 은총과 모든 진리를 조금
이라도 감당할 수 없사오나 내가 내 지팡이만 가지고 이 요단을 건
넜더니 지금은 두 떼나 이루었나이다 내가 주께 간구하오니 내 형
의 손에서 에서의 손에서 나를 건져내시옵소서 내가 그를 두려워
하옴은 그가 와서 나와 내 처자들을 칠까 겁냄이니이다 주께서 말
씀하시기를 내가 정녕 네게 은혜를 베풀어 네 씨로 바다의 셀수 없
는 모래와 같이 많게 하리라 하셨나이다"(창 32:9-12)

이 약속은 야곱이 에서의 낯을 피해 하란으로 도망하여 벧엘에서 하
나님을 만났을 때 했던 약속이었다. 사닥다리가 하늘에서 땅에 닿고 천
사가 오르락내리락 할 때에 하나님께서 "야곱아 나는 네 조부 아브라함
의 하나님, 이삭의 하나님이다. 이 땅을 내가 너에게 줄 것이며 땅의 모
든 족속이 너로 인해 복을 받을 것이며 너는 이 땅으로 다시 돌아오리
라"고 약속하셨다.

"꿈에 본즉 사닥다리가 땅위에 섰는데 그 꼭대기가 하늘에 닿았
고 또 본즉 하나님의 사자가 그 위에서 오르락 내리락하고 또 본즉
여호와께서 그 위에 서서 가라사대 나는 여호와니 너의 조부 아브
라함의 하나님이요 이삭의 하나님이라 너 누운 땅을 내가 너와 네
자손에게 주리니 네 자손이 땅의 티끌 같이 되어서 동서 남북에 편
만할찌며 땅의 모든 족속이 너와 네 자손을 인하여 복을 얻으리라
내가 너와 함께 있어 네가 어디로 가든지 너를 지키며 너를 이끌어
이 땅으로 돌아오게 할찌라 내가 네게 허락한 것을 다 이루기까지
너를 떠나지 아니하리라 하신지라"(창 28:12-15)

　야곱은 하나님께 믿음으로 기도했는데, 그 믿음은 단순한 믿음이 아니라 약속에 대한 믿음이었다. 야곱은 하나님께서 도와주시겠다고 했던 20년 전의 약속을 이루어 달라고 기도하였다. 그 약속을 기억하며 야곱이 말하였다.

　"나로 하여금 내 자손이 하늘의 별처럼 많게 해 주신다고 약속하지 않았습니까?"

　하나님은 약속에 신실하신 하나님이니까 약속하신대로 해달라는 것이었다. 하나님이 약속하신 것에 대한 신실하심을 바탕으로 간구하는 기도는 구약에서부터 신약까지 일관되게 나타난다. 야곱도 그렇게 기도했고 모세도 그렇게 기도했다. "하나님께서 이 백성을 구원해서 당신의 민족으로 삼는다고 하지 않았습니까? 그러므로 그 약속을 기억하시옵소서"라고 기도했다.

　하나님은 얼굴이 잘생긴 사람이든지, 키 큰 사람이든지, 돈 많은 사람이든지, 많이 배운 사람인지를 따지지 않으시고 하나님께 믿음으로 나아오고, 믿음으로 기도하는 사람을 사랑하신다. 우리는 체력도 중요하지만 체력보다 더 중요한 것은 지력이요, 지력보다 더 중요한 것은 믿음이다. 힘으로도 능으로도 안 되는 것이 많지만 믿음으로 안 되는 것은 없다.

“예수께서 이르시되 할 수 있거든이 무슨 말이냐 믿는 자에게는 능치 못할 일이 없느니라 하시니”(막 9:23)

하나님의 말씀은 어제나 오늘이나 영원토록 동일하신 분이요, 우리가 믿는 하나님은 어제보다 오늘을 더 좋게 하시는 하나님이다. 그러니까 하나님이 약속하신 것을 믿음으로 간구하는 것이 기도의 첫 번째 원칙이다.

야곱이란 사람은 우리가 아는 것처럼 그렇게 모범적인 인생이 못된다. 경외할만한 것도 없고, 본받고 따를 것도 없지만 그에게서 배울 수 있는 교훈이 하나있다. 그것은 그가 하나님의 복을 구했고, 하나님의 복을 귀하게 생각했다는 것이다. 신약성경에 보면 복 받기를 사모한 야곱은 높이지만 하나님의 축복을 업신여겼던 에서는 망령된 자라고 꾸짖고 있다. 이것이 성경적인 관점이다. 야곱은 하나님이 베푸시는 복을 귀하게 생각했다. 그래서 그걸 얻기 위해서 몸부림쳤던 것이다. 장자권과 머리에 안수 받는 것은 눈에 보이는 것이 아니지만, 거기에 하나님의 축복의 약속이 있다. 그래서 야곱이 형을 기만하고 팥죽 한 그릇으로 장자의 권한을 산 것이다. 사고 나서 다시 형과 아버지를 속이고 하나님이 주시는 축복을 자신이 강탈했다. 그러나 그의 일생은 자기가 기대했던 것과는 반대로 파란만장한 생으로 접어 들어갔다.

야곱의 일생은 노숙과 도망과 인간관계의 깨어짐을 경험해야 하는 평생 생존의 위기에 있어야만 했다. 그것은 복을 받는 방식에 문제가 있었기 때문이다. 하나님이 베푸시는 축복의 가치는 알았지만 그 복을 받을만한 인격은 되지 못했던 것이다. 그래서 복은 선언 받았지만 생애에 많은 어려움이 따라야만 했다.

여러 가지 이유를 따져 볼 때 야곱이 가나안 땅으로 돌아갈 이유가 없었다. 왜냐하면 야곱은 이때 성경에 보면 이미 부자가 되어 있었다. 또한 삶의 기반이 하란에 있었다.

그러나 뒤로부터는 외삼촌이 좇고 있고 앞에서는 형이 다가오는 진퇴양난의 자리에 떨어지면서 비로소 얍복강가 기도의 자리로 나아가게 되었고 거기서 하나님을 만나 응답 받고 새로운 야곱이 되었다.

이 사건에서 주목할 것은, 가장 큰 기도의 응답은 물질적인 축복이 아니라 인간 관계의 회복이라는 것을 볼 수 있다. 하나님께서 에서의 마음을 돌이키므로 형제 관계가 회복되었다.

사람의 마음을 움직이는 것은 인간 대 인간으로 만나서 대화하는 것만이 능사가 아니라 하나님께서 그 사람의 마음에 감동을 주셔야 가능하다. 대화의 기술로 모든 문제가 해결될 수 있다고 하는 것이 오늘날 현대인들이 갖고 있는 어리석은 생각 중의 하나이다. 그래서 대화의 기술이나 인간관계 원리 등 상담 원리에만 치중하고 있다. 하나님의 간섭이 없이는 대화의 기술로도 넘지 못하는 한계가 있다는 것을 인정해야 된다. 내가 내 마음도 못 다스리는데 나 아닌 다른 사람 마음을 내가 어떻게 움직일 수 있겠는가? 어떻게 대화로만 좋은 관계가 형성될 수 있는가?

야곱이 형을 만나야 했던 날 매우 현명하게 처신했던 것을 알 수 있다. 그는 형을 만나 "담판 짓자"고 하지 않았다. 그냥 강가에서 주님 앞에서 복을 달라고 기도했다. 그것은 하나님께서 원하시는 태도이다.

야곱이 처음부터 하나님의 약속을 붙들었거나 기도의 사람이었던 것은 아니었다. 야곱은 젊을 때부터 언제나 자신이 구하는 것을 자신의 사사로운 꾀나 자신의 재능으로 얻으려고 하던 사람이었다. 매우 현실적이고 비즈니스맨과 같이 계산에 빠른 인물이다. 우리의 모델이 될 만한 구석이나 존경할 만한 인품을 갖추지 않았다. 믿고 따르기엔 문제가 많은 인물이다. 그러나 한 가지 본받을 점이 있다. 인생의 복이 하나님으로부터 온다는 걸 알고 하나님의 복을 위해 몸부림쳤다는 것이다.

그는 벧엘에서도 하나님께서 "내가 너로 축복하고 이 땅으로 돌아오게 하리라"고 말씀하실 때 "하나님이 그렇게 해 주시면 내가 십의 일조를 하나님께 바치겠다"고 말했다. 그렇게 안 해도 십일조는 마땅히 해야 하는 것이다. 왜냐하면 할아버지 아브라함이 했고, 아버지 이삭이 했었기에 당연한 것이었다. 그러나 자신이 하나님께 십일조를 바칠 때는 협상적인 태도를 보였다.

라반의 집안에 가서도 얼룩덜룩한 새끼가 나면 내 것이고, 나머지는 당신 것이라고 말하면서 살아왔다. 얍복강에 당도한 이 날도 형에게 선물을 보낼 때 제일 먼저 염소, 양, 약대, 소의 순서로 보냈다. 선물의 내용을 보면 염소에서부터 시작해서 갈수록 좋은 선물을 보낸다. 아주 계산적이다. 옛날 야곱 같으면 그걸로 완전한 협상을 보려고 했었을 것이다.

야곱은 그날 그렇게 해놓고 마지막으로 기도했다. 그리고 자기를 복되게 해달라고 부탁했다. 야곱은 출구가 없는 구덩이에 떨어졌을 때 비로소 협상을 포기하고 내려앉아 하나님의 복을 구하였다. 그때서야 비로소 하나님의 성품에 맞는 기도를 하였다.

하나님은 은혜가 인간의 공로나 인간의 노력으로 주어지는 것을 원치 않으신다. 그냥 순수하게 은혜가 은혜 되길 원하신다. 야곱은 그걸 몰랐다. 그러다가 야곱이 그날 밤에 깨닫게 된다. 야곱의 기도는 이제 아무 조건도 흥정도 제시하지 않게 되는 것을 볼 수 있다. "해주시면 내가 어떻게 하겠다"는 말도 없고, 조건도 없다. 내게 복을 달라고 축복하지 않으면 이 손을 놓을 수 없다고 말한다. 하나님께선 그걸 원하시는 것이다. 야곱이 바른 자세로 돌아온 것이다. 오로지 전적인 은혜만 간구하였다. 하나님께서 그걸 기뻐하시는 것이다. 하나님께서는 기도할 때 우리의 살아온 삶의 바탕이나 조건으로 기도하는 것을 원치 않으신다. "내가 열심히 잘 살아왔습니다. 내가 주님 앞에 충성했습니다. 그러니 내 기도에 응답해 주세요" 라고 해서도 안 되고, "앞으로 잘 섬기겠습니다. 응답해 주세요" 라고 하는 것도 안 된다.

오로지 하나님께 기도하는 가장 근본적인 자세는 "저는 부족합니다. 그래서 하나님의 은혜를 원합니다" 라고 하는 은혜에 대한 간구가 성경적이다. 전적인 하나님의 은혜 속에서 문제를 해석해야 한다.

야곱은 기도응답을 받을 만큼 삶이 깨끗한 것은 아니었다. 그는 정말 사기꾼이다. 대동강 물을 팔아먹은 봉이 김선달과 비슷하다. 그런 그가 은혜 받고 하나님의 복 받는 자가 되었던 이유는 하나님의 일방적인 은혜 때문이다.

야곱이 처음으로 "나에게 복을 주십시오" 라고 간구한 것은 지극히 성경적이다. 그것은 인간이 하나님 앞에 나갈 때 가져야 될 자세이다. 하나님은 복 주시는 하나님이다. 히브리서 6장 14절에도 "내가 반드시 너를 복주고 복주며 너를 번성케 하고 번성케 하리라 하셨더니" 라고 했다.

하나님께서 가장 싫어하시는 사람 중 하나는 복을 구하지 않는 자이다. 인간은 누군가에게 복을 빌어야 될 수밖에 없는 존재이다. 교회에서도 복을 빌지 않는 사람이 있다. 내가 노력해서 살고 내가 알아서 살아가면 된다고 생각하는 사람들은 잘못된 것이다. 기도의 전제는 하나님이 주시겠다고 약속했고 주시기를 기뻐하신다는 것이다. 과거의 야곱은 그걸 잘못 이해했던 것이다. 하나님이 주시겠다고 했던 그 복을 받는 것이 중요하다는 것은 알게 되었는데, 과거에는 그것이 하나님 편에서 은혜로 선포되는 것인지 모르고 자신의 재능이나 노력으로 얻으려고 했던 것이다.

야곱은 그걸 모르고 있었다가 다시 깨닫고 얍복강가에 와서 밤새 하나님께 기도하였다. 기도할 때 자기 입에서 처음으로 "나를 복되게 해 주옵소서"라고 기도하였다. 야곱에게는 큰 변화이다. 야곱의 인생에 있어서 드디어 참된 기도를 하기 시작한 것이다. 이 기도를 시작하면서부터 하나님께서 복되게 하신다면 저 강 건너 편에서 자기를 죽이러 오는에서의 마음도 돌릴 수 있고 자기가 겪고 있는 모든 고통으로부터 벗어날 수 있는 모든 결정권이 하나님께 있다는 사실을 비로소 인정하게 된 것이다. 이것이 야곱의 인생에 큰 변화이다.

3. 야곱은 씨름하며 기도하였다

창세기 32장 24절에서 "야곱이 홀로 남았더니 어떤 사람이 날이 새도록 야곱과 씨름하였다"고 나온다. "씨름했다"는 표현은 '레슬링한다, 격투한다, 싸운다' 는 뜻을 가지고 있다. 25절에 보면 "자기가 야곱을 이기지 못함을 보고 그가 야곱의 허벅지 관절을 치매 야곱의 허벅지 관절이 그 사람과 씨름할 때에 어긋났더라"고 하였다. 야곱이 천사와 씨름하면서 끈질기게 달라붙으니까 천사가 "놓으라"고 말했으나 야곱이 그래도 놓지 않자 야곱의 환도뼈를 치매 위골이 되었다. 그래도 야곱은 끝까지 축복을 얻어내려고 몸부림치는 것을 볼 수 있다.

"그 사람이 가로되 날이 새려하니 나로 가게 하라 야곱이 가로되 당신이 내게 축복하지 아니하면 가게 하지 아니하겠나이다"(26절)

씨름은 지든지 이기든지, 죽든지 살든지 결판이 나는 경기이다. 야곱은 자기에게 당면한 '죽느냐, 사느냐' 하는 심각한 문제를 앞에 놓고 어떠한 심정으로 기도했는가를 보면서 우리도 야곱처럼 끈질기게 부여잡고 씨름해야한다는 기도의 자세를 배우게 된다.

이 모습을 읽을 때마다 떠오르는 사건이 있다. 아내가 아들을 출산할 때의 일이다. 그때 해산의 고통이 어떤 것인가를 알았다. 아내가 아기를 낳을 때 나는 밖에서 "주여 순산하게 하시고 생남하게 하시고, 진통도 멈추어 주시고…" 그렇게 기도하며 기다리고 있었는데 2시간이 되어도 소식이 없었다. 왜 그렇게 긴장이 되는지 일어섰다 앉았다, 이리 갔다 저리 갔다 하다가 남성금지구역에 문을 열고 들어갔다. 보니까난산 상황이었다. 아내는 얼굴에 땀이 포도송이 같고 눈동자는 반쯤 돌아갔다. 저러다가 죽겠지 싶어서 "주님, 애기는 다음에 낳고 산모를 살려주세요, 아내를 살려주세요" 하면서 머리맡에서 간절히 기도하는데 갑자기 아내가 내 허리띠를 꽉 잡고 "주여" 하는 것이었다. 이 세상에서 누가 힘이 제일 센 줄 아는가? 씨름을 하는 천하장사가 아니다. 아기 낳는 여자가 제일 세다. 허리띠를 잡혔는데 바지가 찢어질 것 같고 허리가 휘청거리는데 기도 줄도 잊어버리고 꼭 레슬링을 하는 것 같았다.

우리도 해산하는 여인처럼 진땀 흘리며 힘써 부르짖어 기도하면 막혔던 문제가 해결된다. 환란이 변하여 축복이 된다. 실패가 변하여 성공이 된다.

지금 야곱의 형편을 보면 하나님의 도우심이 없으면 그와 그의 처자들과 모든 소유는 다 없어질지도 모를 일이었다. 그러므로 그는 목숨을 걸고 하나님께 도움을 요청할 수밖에 없었다. 하나님께서 나에게 주신다고 약속하지 않았느냐고 호소하면서 그 약속을 지켜달라고 애원하였던 것이다. 하나님께서 주신다고 했더라도 내가 기도해서 받으려고 하는 자세가 필요하다. 복달라고 싸우며 레슬링 하듯 그런 간구가 있어야 한다. 축복의 응답은 이렇게 싸워서 얻는 것이다. 야곱이 이런 자세로 기도한 후 하나님께서는 야곱에게 이름을 이스라엘로 바꿔 부르라고 했다. 하나님과 싸워 이겼다는 의미이다.

기도의 당위성이 여기 있는 것이다. 하나님께서 우리의 필요를 다 알고 모든 것을 다 채워주신다고 했는데 그렇게 간절하게 구해야 될 필요가 있는가 하고 의문을 가질 수 있다. 그러나 성경에 보면 마치 주실 하나님께서 안 주실 하나님처럼 나타나신다. 종종 주시지 않을 것처럼 나타나서 우리로 하여금 절박하게 만들고 간절하게 만든다. 호세아서에서도 눈물로 울며 구하기를 원하시는데 하나님께서 원하시는 건 바로 그러한 태도이다.

그러므로 하나님은 사랑의 하나님인 동시에 우리로 하여금 갈급하게 하시는 하나님이시다. 마치 응답하지 않을 것처럼, 그리고 무관심한 것처럼 보인다는 것이다. 욥이 말했던 것처럼 앞으로 가도 하나님이 보이지 않고 뒤로 가도 보이지 않는 경험을 하게 만든다. 그래서 도저히 기도할 힘도 없게 만들어 버린다. 야곱이 그렇게 복달라고 구하는데도 복은 주지 않고 오히려 환도뼈를 내리쳤다. 환도뼈가 위골되어 하나님을 붙들고 매달리면서 눈물로 간구하였다.

"나를 복주지 않으면 내가 이 손을 놓지 않겠습니다."

복 주시지 않으면 죽는다고 외치면서 끈질기게 달라붙었다.

우리는 하나님께서 더 이상 기도할 수 없는 자리로 데리고 가실 때가 있다는 것을 알아야 한다. 그런 자리에서도 우리가 포기하지 않고 하나님께 매달려 눈물로 울면서 간구하기를 원하시는 것이다. 그렇게 함으로써 우리들을 통해서 이루고자 하는 신앙의 성숙과 강한 생존력을 갖기를 원하신다. 이것이 바로 기도의 유익이다. 세상 사람들은 하다가 안 되면 마지막 자포자기하면서 자살하기도 한다. 그러나 기도의 사람은 하나님과 씨름하다 보면 강한 적응력이 생긴다. 하나님과 씨름했는데 세상과 씨름 못하겠는가? 웬만해서는 안 무너진다. 그래서 은근과 끈기는 우리 성도의 성품이다.

사람이란 누구나 자신이 의지하는 것만큼 강하다. 자신이 돈을 의지하면 돈 만큼 강한 것이고 하나님을 의지하는 사람은 하나님만큼 강한 법이다. 돈이 무너지면 그 사람도 무너진다. 하나님을 의지하는 사람은 하나님께서 능력주시는 만큼 강해지기 때문에 절대로 세상에서 자포자기하지 않는다. 그래서 하나님을 의지하는 사람은 무너지지 않는 것이다.

또 한가지 기도의 유익은 반드시 응답을 받는다는 것이다. 기도 응답이 없을 때 그리고 하나님께서 우리에게 "No!" 라고 말했을 때도 지치지 아니하고 포기하지 않고 계속 간구할 수 있는 끈질긴 기도가 필요하다. 수로보니게 여인의 경우가 그렇다. 주님께서 전혀 응답하지 않을 것처럼 냉정하고 매몰차게 대한다. 그러나 그 여자는 끝까지 간구한다. 그럴 때 주님께서 응답해 주셨다.

처음에 하나님께서 야곱과 씨름할 때 그에게 복주지 아니하고 그냥 떠나실 것처럼 뿌리쳤다. 전혀 안 도와줄 것처럼 공수표를 날렸다. 밤새도록 "나는 가야 된다, 가야 되겠다" 라고만 말씀하셨다. 날이 샐 때까지 응답이 없다가 동틀 무렵 하나님께서 응답하셨다. 그게 오늘날 우리들의 경험이다. 하나님께서는 전혀 도와주지 않을 것처럼 하시는 경우가 있다. 거기서 오는 좌절감이나 그 영적 고독감이 얼마나 큰지 모른다. 그런데 그런 상황 속에 숨겨진 하나님의 의도를 우리가 알아야 된다. 그것은 하나님께서는 우리가 울며 기도하기를 원하는 것이다. 왜 그런가 하면 하나님의 그 은혜는 너무나 귀하기 때문이다. 그렇게 받아야 귀한 걸 알게 되고, 그렇게 받아야 마침내 찬란한 브니엘의 하나님을 만나게 되는 것이다. 그래서 우리도 기도할 때 끝까지 견디면서 기도해야 한다. 언제까지 견디느냐? 날 샐 때까지이다.

그래서 필립 얀시가 "눈물가운데 얻지 아니한 것은 은혜로 경험되지 않는다"라고 말했다. 눈물로 기도하고 얻어야 그것이 내게 은혜로 느껴진다. 눈물로 얻지 아니한 것은 은혜로 경험되지 않는다. 우리가 눈물 흘리면서 정말 안타깝게 간절히 구할 때 마침내 하나님께서 찬란한 햇빛같이 은혜를 우리에게 전달해 주신다. 그래서 우리는 끈질기게 기도해야한다.

> "너는 내게 부르짖으라 내가 네게 응답하겠고 네가 알지 못하는 크고 비밀한 일을 네게 보이리라"(렘 33:3)

> "너희는 내게 부르짖으며 와서 내게 기도하면 내가 너희를 들을 것이요 너희가 전심으로 나를 찾고 찾으면 나를 만나리라"(렘 29:12-13)

그림의 떡은 떡이 아니요 뜨겁지 않은 불은 불이 아니요, 간절함이 없는 기도는 기도가 아니다. 쉽게 포기하고 일어서는 기도가 아니라 응답을 받기까지 매달려 씨름하는 끈질긴 기도가 능력 있는 기도요, 응답 받는 기도이다.

"네가 하나님과 사람과 더불어 이겼다"는 말은 하나님도 이겼지만 에서와도 이겼다는 의미이다. 하나님과 겨루어 이기면 모든 인간적인 문제는 다 해결된다. 그러므로 인생의 모든 문제는 기도가 열쇠이고, 만사형통의 비결이다. 신앙생활의 요소 중 그 어떤 것보다 기도의 중요성을 알고 야곱처럼 기도의 승리자가 되어야 한다.

이제 야곱의 기도를 다시 정리해 보자.

야곱의 기도는 하나님의 약속을 믿는 믿음의 기도이고, 말씀에 근거한 기도였다. 그것이 기도의 능력이다. 또 야곱의 기도는 씨름하듯 투쟁하는 기도였다. 야곱의 기도는 응답될 때까지 끈질기게 하는 기도이다. 이런 기도를 드릴 때 하나님께서 우리에게 역사해 주신다. 우리 모두 야곱과 같은 인내함으로 응답받는 기도의 사람들이 되자.

4장

모세의 기도

"하나님이 가라사대 이리로 가까이 하지 말라 너의 선 곳은 거룩한 땅이니 네 발에서 신을 벗으
라 또 이르시되 나는 네 조상의 하나님이니 아브라함의 하나님, 이삭의 하나님, 야곱의 하나님이
니라…이제 이스라엘 자손의 부르짖음이 내게 달하고 애굽 사람이 그들을 괴롭게 하는 학대도
내가 보았으니 이제 내가 너를 바로에게 보내어 너로 내 백성 이스라엘 자손을 애굽에서 인도하
여 내게 하리라 모세가 하나님께 고하되 내가 누구관대 바로에게 가며 이스라엘 자손을 애굽에서
인도하여 내리이까 하나님이 가라사대 내가 정녕 너와 함께 있으리라 네가 백성을 애굽에서 인도
하여 낸 후에 너희가 이 산에서 하나님을 섬기리니 이것이 내가 너를 보낸 증거니라"(출 3:5-12)
"그 행위를 모세에게, 그 행사를 이스라엘 자손에게 알리셨도다"(시 103:7)

1. 기도의 사람이 되도록 준비시키셨다

기독교는 기도를 통해서 하나님께서 일하시는 기도의 종교이다. 정확히 말하면 하나님께서는 기도하는 사람을 통해서 하나님의 뜻을 이루어 나가신다. 그런 면에서 모세는 우리에게 많은 것을 교훈해 준다. 홍해바다를 가를 때 지팡이를 들고 기도했고 아말렉과의 전쟁에서 손을 들고 기도했으며 금송아지 우상을 만든 이스라엘 백성들에게 진노하실 때 자신의 생명을 걸고 기도를 했던 기도의 사람이었다. 그리고 시내산에 올라 40일 동안이나 금식 기도한 사람이다.

그런데 그렇게 모세가 진정한 기도의 사람이 될 수 있었던 원인은 40년 광야생활이 결정적이었다. 하나님께서 모세를 40년 동안 준비시킨 것이다.

모세가 태어나 광야로 떠나기까지의 배경을 살펴보자.

야곱이 70명의 대가족을 이끌고 애굽에 내려간 지 430년 만에 이스라엘 백성들이 기하급수적으로 늘어나서 200만명이 넘었다. 이렇게 폭발적으로 이스라엘 백성들이 늘어나니까 애굽의 바로가 이스라엘의 남자 아이들이 태어나면 다 죽이라고 명령을 내렸다. 그러한 위기의 때에 모세는 태어났고 모세의 부모는 석 달간 숨겼다가 더는 숨길 수가 없어서 갈대상자 속에 모세를 담은 후 나일강에 띄우게 된다. 그 모세를 애굽의 공주가 발견하고는 양자로 삼게 된다. 역사 기록으로 보면 그 당시 공주의 이름이 하셉투스였는데 그 공주는 단순한 공주가 아니었다. 왕인 남편이 일찍 죽어서 후에 22년 동안 애굽을 다스리는 왕비가 되는 권세 있는 공주였다. 하셉투스 공주가 22년 정도 애굽을 다스렸으니까 왕자인 모세의 신분은 대단했다. 모세는 실력도 뛰어났다. 사도행전 7장 22절에 보면 "모세가 애굽사람의 학술을 다 배워 그 말과 행사가 능하더라"고 기록되어 있다. 그래서 그 당시 모세는 왕권을 이어받을 수 있는 제1인자였다. 그러다보니 하나님께 의지하기 보다는 자신의 힘으로 무언가 이루어보려고 했다. 자신감이 너무 넘쳤다. 높은 권세와 자신의 능력을 믿고 거칠 것이 없이 행동했다. 그래서 애굽 사람을 죽이고 이스라엘 민족을 구원하려고 했던 것이다. 사람을 죽일 정도로 대담한 모세였지만 기도의 중요성을 깨닫지 못했다. 그것은 두 가지로 알 수가 있다.

첫째는 모세의 왕자시절에 그가 기도했다는 내용이 없다. 모세가 만약 그 시기에 기도하는 사람이었다면 그러한 기록이 남았을 텐데 기록이 전혀 없다.

둘째는 출애굽기 2장 12절에 기록된 '좌우로 살펴' 라는 말을 봐도 알 수 있듯이 주변 사람들을 의식하는 지극히 인본주의적 의식가운데 살고 있었다. 모세는 사람들이 자기를 어떻게 생각하느냐만 중시했지 하나님께서 어떻게 생각하시는가에 대한 관심은 없었다. 즉 하나님과의 관계나 하나님에 대한 기록이 없다. 이 사건에 대해 하나님이 어떻게 보실까가 아니라 사람들이 어떻게 볼까에 관심을 기울였기 때문에 좌우로 살폈던 것이다. 이렇게 하나님의 일을 하면서도 하나님과 관계가 전혀 없었다. 여기에 큰 문제를 안고 있는 것이다. 실패할 것이 뻔한 일이었다. 사람들을 먼저 의식하는 순간 이미 실패한 것이라고 할 수 있다. 그러나 모세는 실패를 전혀 예상 못했다. 모세의 생각은 오로지 동족의 해방을 자신의 힘으로 이루는 것뿐이었다. 민족의 해방은 정치적인 힘이나 군사적인 힘에서 온다고 생각했다. 그 이상은 생각하지 못했다. 강력한 제국의 노예를 해방시키자면 군사력이 필요하다고 생각하였다.

그런데 하나님은 그런 방식으로 하지 않으신다. 하나님은 무명의 기도하는 한 사람을 통해서 역사를 이끌어 가신다. 모세는 그것을 몰랐던 것이다. 당시 모세는 투트모스 3세와 왕위를 두고 보이지 않는 권력투쟁에 있었다. 애굽 역사를 보면 이 투트모스 3세는 대단한 지략가로 뛰어난 왕이었다. 모세가 애굽인을 죽여 모래에 묻었다는 정보를 입수한 투트모스 3세로서는 모세를 제거할 좋은 기회였기에 모세는 두려움에 광야로 도망칠 수밖에 없었다. 모세는 도망자의 신세가 되어 가족과 친구, 동족인 이스라엘을 떠나 멀리 미디안 땅으로 도피생활을 하게 된다. 모세는 미디안 제사장 이드로의 사위가 되고 그의 딸 십보라와 결혼하게 되어 양을 치는 목자가 되었다. 왕자의 신분에서 양을 치는 목동의 신세가 된 것이다. 원치 않았던 상황에 몰려 불가피하게 광야생활을 시작한 것이다. 그런데 그 불가피한 광야생활이 모세에게는 불행한 시기였을까? 그렇지 않았다. 모세에게 광야가 없었다면 위대한 모세는 존재할 수 없었다. 모세의 광야생활은 나중에 큰 복이 되었다. 불행스럽게 여겨졌던 광야 40년 생활이 자신이 의도치 않았던 사건만큼이나 큰 은혜가 있었다. 그것은 하나님과의 만남을 통한 기도생활의 회복이었다. 그럼 구체적으로 광야생활에서 뭘 배웠는가에 대해 시편 103편 7절은 광야 40년 생활을 함축적으로 요약하면서 가르쳐 주고 있다.

"그 행위를 모세에게 그 행사를 이스라엘 자손에게 알리셨도다" 라는 말씀의 의미는 히브리어 성경에서 '모세에게 무엇인가를 보여서 알리다' 라는 뜻으로 기록되어 있다. 모세로 하여금 하나님께서 무엇인가를 깨닫도록 가르치셨다는 것이다. 그 행위라는 말은 하나님의 길, 하나님의 방식을 의미한다. 그러니까 모세에게 하나님의 길을 보여주었다는 말이다. 모세는 왕자 시절에는 인간의 길, 인간의 지혜밖에는 몰랐다. 그래서 모세의 광야 피신 40년은 하나님의 방법을 깨닫게 된 대단히 복된 기간이다.

2. 하나님께서는 기도하는 사람을 통해서 일하신다

모세는 하나님께서 인간의 기도를 통해서 일하신다는 사실을 깨닫게 되었다. 하나님이 모세에게 보여준 첫 번째 길은 기도이다. 하나님은 사람을 찾고 그 사람으로 기도하게 하고 그 사람을 통해서 역사를 굴러가게 하신다. 그런데 모세는 그 사람이 바로 자기라는 사실을 몰랐다. 자기라고 하는 생각은 하지 못하고 40년을 살았던 것이다. 왜냐하면 그는 이미 실패자였기 때문에 모든 것을 포기했었다. 모세가 하나님 앞에 나타났을 때 다섯 번인가 거절했다. 정말로 철저하게 하나의 목동으로 산 것이다. 완전히 왕자의 모습은 사라졌다. 40년이 지나면서 과거는 이미 다 잊어버렸다.

단테 신곡의 『지옥』편을 보면 지옥으로 가는 사람들이 들어갈 때 지옥을 지키는 자가 지옥에 들어오는 모든 사람들에게 끊임없이 계속 외치는 내용이 있는데 그것은 "여기 들어오는 자들이여 소망을 버려라"라는 것이다. 얼마나 낙담 되는 소리인가? 지옥에 들어오는 사람에게는 어떤 안식도 없다. 그래서 소망을 버려야 하고 그래야 지옥에서 견디는 것이다.

어쩌면 그때 모세의 심정이 그랬을 것이다. 광야에 들어갔을 때 그는 이미 일체의 소망을 버릴 수밖에 없는 인생이 된 것이다. 사람을 죽이고 도망갈 때는 왕자의 신분도 없는 것이고 자기 재능도 쓸모가 없는 것이다. 모세는 미디안 광야에 양치기 집안의 사위로 들어가서 그저 양이나 돌보는 목동이 되었다. 자신에 대한 신뢰를 완전히 버렸다. 하나님께서 모세의 그 자세를 기다린 것이었다. 마찬가지로 하나님께 쓰임 받으려면 자신에 대한 믿음을 버려야 된다. 그래야 하나님이 쓰신다. 다시 말하면 내가 무엇인가 할 수 있다는 것이 남아 있으면 안 된다. 쓰임 받을 만한 자격이 있다든지, 적어도 내가 다른 사람들보다는 더 자격 있다는 그런 의식들을 버려야한다. 왜냐하면 무엇인가 자기가 할 수 있다고 생각하고 재능이 있다고 생각하는 사람은 하나님을 전폭적으로 신뢰하지 않는다. 하나님을 의지하지도 않는다. 그런 자만심이 있다. 이런 면들이 오늘날 교인들에게 있어서 아주 견고한 여리고성이다. 좀처럼 은혜 받지 못하고, 좀처럼 변화 되지 않는다. 정말 하나님의 은혜를 받아서 부드러운 옥토와 같은 마음이 된다면 그것은 기적이다. 모세 역시 자만심이 대단한 사람이었다. 그러나 그 자만이 연단을 통해 다 깨어진 것이다. 모세는 진심으로 자신의 연약함을 깨달았다. 그래서 광야 40년 동안 몸도 마음도 다 목동이 되었다. 출애굽기 3장 11절에 보면 하나님이 모세에게 나타나서 "바로에게로 가라"고 했을 때 "내가 누구관대 바로에게 가며 이스라엘 자손을 애굽에서 인도하여 내리이까" 라고 말하면서 "나는 목동에 불과한 존재입니다. 그저 양똥이나 치고 이슬 맞으며 들판에서 짐승처럼 헤매는 자입니다. 내가 여기에서 어떻게 재기해서 뭘 해보겠다는 생각은 꿈에도 생각 못하겠습니다" 라는 태도를 보인다. 그는 몸도 마음도 모두 다 목동이 되어 정말 나는 무익한 종이라고 고백한 것이다.

모세는 이 방법 저 방법 다 찾아보고 기도한 게 아니라 모든 것을 포기한 백지상태에서 기도를 배운 것이다. 그 마음속에 아무런 욕망도 없었다. 무슨 욕심이 있었겠는가? 다 버렸던 것이다. 깨끗이 비어있는 마음에 기도가 담기는 것이다. 그래서 기도는 모세의 전부요 삶의 유일한 길이 되었다.

그런데 우리 신앙인 가운데 그렇게 하지 않는 이들이 많다. 기도를 삶의 한 부분으로 생각한다. 기도를 많은 방법 중의 하나라 생각하여 이것 저것 하다가 안 되면 기도를 하는 경우가 있다. 사람이 자기가 얼마나 훌륭한 재능을 가졌는가를 발굴하는 데는 10년 걸리면 충분한데, 자기가 아무것도 아니라는 것을 깨닫는 데는 훨씬 더 많이 걸린다. 40년이나 걸렸다. 자기의 재능을 깨닫는 것보다 자신이 아무것도 아니라는 사실을 깨닫는 것은 그만큼 더 어려운 일이다. 이것을 깨닫게 하기 위해서 모세를 광야로 보내신 것이다.

그런 면에서 우리 모두의 삶에도 하나님께서 간섭할 때 사람을 낮추기도 하시고 때로는 건강을 빼앗기도 하시고 괴로움을 겪게 하기도 하신다. 그럴 때 고통스럽지만 그것에 하나님의 선한 교육적 목적이 있다. 오르막이 있고 내리막이 있다. 사람들은 내리막길을 걸어가면 자기 인생이 손해 본다고 생각한다. 내 인생을 허비했다고 생각하고, 차라리 그런 길은 내 인생에 없었으면 좋겠다는 생각을 자꾸 하게 된다. 결국에는 하나님만 바라볼 수밖에 없는 존재라는 것을 우리가 조금씩 깨닫게 된다. 광야에서 무익한 종이라는 걸 깨닫게 하고 하나님께 기도하게 만드시는 것이다. 그래서 D.L 무디는 이런 말을 했다.

"모세는 첫 40년 동안은 자신이 중요한 사람이라고 생각했다. 두 번째 40년은 자신은 아무 것도 아닌 사람임을 깨닫는 기간이었다. 세 번째 40년은 하나님께서 아무 것도 아닌 사람을 통해 무엇을 하실 수 있는 지를 발견하는 기간이었다."

성경전체를 보면 하나님은 당신의 뜻을 이룰 때는 사람을 낮추어서 반드시 기도하는 사람을 만들고 그 기도하는 사람을 지렛대로 삼아 역사를 돌리신다. 그래서 하나님의 뜻을 이룰 사람은 기도하는 종이면서 자신을 낮추는 사람이다. 하나님의 손에 붙들리려면 낮춰야 한다. 겸손하게 낮아지는 것밖에 없다. 처음에 모세는 그것을 깨닫지 못했다. 그런데 광야40년을 통해 깨닫고 순종한 것이다.

3. 하나님의 때를 분별해야 한다

기도가 이루어지는 때가 있다.

400년 동안 노예생활을 하면서 이스라엘 백성들은 고통 중에 기도했다. 하나님께서는 그러한 백성들의 우고를 들으셨다. 여기서 우리가 생각해야 할 것은 하나님의 응답하실 때가 있다는 사실이다. 모세는 민족 구원의 열정은 있었지만, 하나님의 때를 몰랐다.

지금 이 시대는 빠른 시대이고, 인스턴트 시대라서 즉각적으로 반응하는데 익숙하다. 그래서 오랫동안 인내하면서 기도하는데 익숙하지 않다. 어떤 기약이 있으면 좋겠는데 기약이 없이 기다려야 할 경우가 있다. 시편의 기자가 기도하면서 "언제까지니이까"라고 하며 절망하는 이유는 하나님께서 응답하실 거라는 믿음이 없어서가 아니라 그 응답이 언제 올런지에 대한 기약이 없기 때문에 절망한다.

필립 얀시가 "하나님의 기도의 응답이 더뎌지면 사람들은 주먹을 쥐고 하늘을 향해 휘두른다"고 말했는데, 이 말의 의미는 "이럴 수 있느냐? 이미 시간이 다 지났는데 어떻게 수습하실려고 지금까지 이렇게 벌여놓으시냐?"는 말이다.

어쩌면 모세가 그렇게 생각했을 것이다. 백성들이 그렇게 고통 속에 죽어가고 있는데도 빨리 해방이 안 되니까 사람을 때려죽여서라도 문제를 스스로 해결하려고 했던 것이다. 그게 문제이다. 아브라함이 빨리 자녀를 못 얻으니까 스스로 이스마엘을 자립창조 한 것도 같은 맥락이다.

기도하는 사람은 하나님의 때를 기다리는 자세가 필요하다. 그때가 될 때까지 기도해야 된다. 쉽사리 포기하는 것은 하나님의 뜻이 아니다.

모세가 80세에 하나님의 부르심을 받은 것도 때가 되었기 때문이라고 성경은 말하고 있다. 사도행전 7장 30절에 "사십 년이 차매 천사가 시내산 광야 가시나무떨기 불꽃 가운데서 그에게 보이거늘"이라고 말씀하고 있다. 그런 면에서 모세가 일생을 통해서 우리에게 보여준 기도의 두 번째 중요한 원리는 때를 기다리라는 것이다. 기도는 대단히 인격적인 행위이므로 인내하면서 그분의 뜻을 기다려야지 조급해서는 안 된다. 사람들은 절박해서 당장 건짐 받고 내일이라도 해결됐으면 좋겠다고 생각하지만 하나님은 그렇게 하시지 않는다.

예를 들면, 나사로가 죽기 전에 주님은 오시지 않고 나사로가 죽고 난 뒤에 오셨다. 그것도 4일이나 늦게 오셨다. 이처럼 하나님과 우리의 때는 다르다.

성도들 중에서도 오랫동안 기도한 사람들이 있는데, 이루어지지 않았다고 해서 응답 못 받은 것인가? 그렇지 않다. 반드시 응답받는다. 그때까지는 고난과 탄식이 있겠지만 때가 되면 하나님의 응답이 있다. 세상의 일은 빠르게 모든 일이 이루어지지만, 하나님의 광야 교육은 그렇지 않다. 즉각적인 성숙은 하나도 없다. 하나님은 자신의 백성들을 대량생산하지 않으신다. 하나님은 연장으로 각 사람 하나하나를 다듬으시기에 우리가 예상한 것보다 고통스러울 정도로 더 많은 시간이 걸린다.

〈크리스처니티 투데이(Christianity Today)〉라고 하는 미국의 제일 큰 잡지에 이런 내용이 실렸다. 어떤 부인이 남편의 예수 믿는 것을 위해서 오랫동안 기도했는데 그 기도에도 불구하고 남편은 교통사고로 죽었다. 그 부인은 너무나 큰 충격을 받았다. 그리고 그때부터 이 여인은 교회를 가지 않았다. 거의 10년 가까이 교회 출석을 하지 않고 무신론자처럼 살았다. 하나님께 원망만하고 지냈다. 그러다가 어느 날 우연히 거래처의 남자를 직장에서 만났다. 그런데, 이 남자가 자기 남편 이름과 똑같은 명함을 하나 갖고 있었다. 그래서 "이 명함 어디서 났느냐?"고 물었더니 자신이 10년 전에 어느 길에서 복음을 전하고 헤어진 남자의 것이라고 하였다. 여자는 깜짝 놀랐다. 자세히 보니까 자기 남편 것이었다. 그래서 자초지종을 물었더니, 마침 차가 고장 나서 지나가는 차를 세워 차를 같이 타고 오다가 운전하고 있는 사람에게 전도를 하였더니 운전하던 사람이 선선하게 복음을 받아들였다는 것이다. 그 운전하던 사람이 바로 그 여자의 남편이었던 것이다. 그는 가던 길을 멈추고 차를 길 한 켠에 세우고 영접 기도를 했다는 것이다. 죄에 대해 회개하고 주님을 믿겠다고 서약하고 기도한 것이다. 그리고 30분 후에 자신에게 복음을 전한 사람을 내려주고 교통사고로 죽었던 것이다. 이 남자는 전도했던 그 남자가 살아있는 줄 알고 있었다. 이후에 연락을 하겠노라고 해놓고 연락을 못하고 있었는데, 그 부인의 얘기를 통해 자신이 복음을 전한 그 남자가 죽었다는 사실을 알게 되었다.

　이 여자는 자신이 남편 구원을 위하여 오랫동안 기도했지만 하나님께서 그 기도에 응답하지 않고 그냥 데려가셨다는 생각 때문에 신앙생활을 하지 않았는데 그러나 결국 기도 응답은 이루어진 것이었다. 그것도 자신이 인식하지 못한 순간에 이루어졌다. 즉 하나님의 때에 정확히 응답이 되었다. 사람들은 기도의 응답이 내가 기대하고 있는 시간에 내가 원하는 방식으로 오기를 원한다. 그러나 우리는 앞의 이야기를 통해서 우리가 생각하는 시간과 하나님의 시간이 일치하지 않을 수 있다는 것을 인지해야 한다.

4. 우리가 구하는 것과 하나님께서 주시려는 것은 다르다

사람이 구하는 것과, 하나님께서 우리에게 주시려고 하는 것은 다르다. 하나님께서 우리에게 주시려고 하는 것은 우리가 구하는 것보다 훨씬 더 높고 선한 것이다.

모세는 자기 민족의 정치적 해방만 생각했다. 그러나 성경에 보면, 하나님께서 이스라엘 민족을 애굽 땅에서 이끌어 내신 목적은 단순히 정치적 해방이 아니라 하나님께서 그들의 하나님이 되시고 그들을 하나님의 백성으로 삼고 그들과 함께 거하고 돕는 진정한 해방인 파라다이스를 예비하셨다는 것을 알 수 있다. 그런데 모세는 그것을 몰랐던 것이다.

그래서 출애굽기 25장 8절에 보면 "내가 그들 중에 거할 성소를 그들을 시켜 나를 위하여 짓되"라는 말씀과 요한복음 1장 14절의 "말씀이 육신이 되어 우리 가운데 거하시매"라는 말씀, 그리고 계시록 21장 3절에 "하나님의 장막이 사람들과 함께 있으매 하나님이 저희와 함께 거하시리니 저희는 하나님의 백성이 되고 하나님은 친히 저희와 함께 계셔서"라는 말씀의 패러다임은 똑같다. 그러므로 출애굽 당시에도 하나님께서는 그 목적이 이스라엘 민족들 가운데 거하시는 것이고, 신약에서 예수 그리스도께서 오신 것도 우리들 가운데 임하시는 것이고, 장차 이루어질 최종적인 상태도 하나님께서 구원받은 백성들 가운데 계시는 것이다.

그러한 하나님의 구원의 목적에 대해서 모세는 그 당시 깨닫지 못했다. 하나님께서 우리에게 주시려고 하는 것은 우리가 구하는 것보다 더 높고 선한 것이다. 우리는 그것을 보지 못할 때가 많다. 때로는 그것을 못 보기 때문에 좌절하는 것이다. 이런 하나님의 선한 의도를 모르면 기도하고도 넘어질 가능성이 많으며 상처받을 사람이 많다.

사람이 사업에 실패하거나 암에 걸리면 다음과 같은 생각부터 든다고 한다. "하필 왜 나냐? 내가 왜 죽느냐?", "세상에 죽어 마땅한 사람이 얼마나 많은데?"라고 생각하는 경향이 있다고 한다. 다른 사람을 먼저 쳐다보기 때문에 왜 어려움을 당했는지에 대한 하나님의 뜻을 모른다.

그때 기억해야 되는 것은, 때로는 이해할 수 없지만 하나님의 원대한 목적이 있다는 것이다.

하나님께서 우리에게 기도응답을 주실 때, 단순히 우리 편에서 잘 먹고 잘 사는 일만 위해서 응답해 주진 않는다. 어떤 식의 기도응답이든지 간에 기도 응답의 궁극적인 목적은 하나님과의 사귐이다. 하나님은 기도응답을 통해 하나님과 더 가까워져서 더 깊은 관계에 들어가길 원하신다. 그것을 알 때 우리는 더 깊은 기도를 드릴 수 있으며 믿음 또한 더 성숙해지는 것이다. 이러한 기도 응답의 목적을 모르는 사람들은 기도 생활의 기복이 심하다. 급하면 기도하고 해결되면 기도를 멈추기 때문에 밀물과 썰물이 되어 언젠가는 기도의 힘을 잃게 된다.

모세는 하나님께서 기도를 통해서 구원하시고 하나님의 때에 응답하신다는 것을 깨달았다. 또 우리가 구하는 것보다 하나님이 주시는 것은 훨씬 더 크고 위대하다는 것을 깨달았다. 이러한 과정을 거쳐서 모세는 진정한 기도의 사람이 되었던 것이다. 모세가 위대한 이유는 그가 바로 기도의 사람이었기 때문이다. 기도가 우리 삶의 전부요 능력이라는 것을 기억하고 기도로 승리해야 한다.

5장

여호수아의 기도

"무리가 그들의 양식을 취하고 어떻게 할것을 여호와께 묻지 아니하고 여호수아가 곧 그들과 화친
하여 그들을 살리리라는 언약을 맺고 회중 족장들이 그들에게 맹세하였더라"(수 9:14-15)

1. 눈으로 보는 것은 불완전하다

우리가 눈으로 보고 판단하는 것은 완전한 것이 없다. 눈은 아주 미세한 것은 보지 못한다. 손에 있는 대장균은 안 보인다. 또 너무 큰 것도 보지 못한다. 우주같이 너무 큰 것은 볼 수가 없다. 그래서 눈이란 것이 절대로 완벽할 수가 없다. 워즈워드는 "눈이 너에게 말하는 것을 믿지 말아라. 그것이 보여주는 것에는 한계가 있다"고 하였다.

그리스와 트로이가 전쟁을 벌일 때 그리스가 군사력으로는 훨씬 우세했다. 그러나 트로이 성은 난공불락의 요새였기에 트로이가 성문을 걸어 잠그면 도저히 트로이 성을 점령할 수가 없었다. 그래서 그리스가 속임수 전략을 사용하게 되었는데 전쟁을 벌이다가 거대한 목마 신상을 성문 앞에 두고 퇴각을 하였다. 그 목마 안에는 많은 그리스 병사들이 숨어있었다. 트로이 백성들은 속임수인줄 모르고 그 목마를 성으로 끌고 갔다. 그날 밤 트로이의 운명은 결정되고 만다. 한 밤에 목마 안에 숨어 있던 병사들이 나와 성문을 열어서 그 날 밤에 트로이 성은 무너지고 만다.

이처럼 우리가 보면서도 속는 사건들이 얼마나 많은가? 보는 것에는 한계가 있다. 과학의 세계도 자세히 들여다보면 보고 믿는 세계가 아니라 믿고 보는 세계이다. 그 좋은 예가 갈릴레오이다. 갈릴레오는 하나님께서 지으신 세계가 둥글다는 것을 알았다. 태양이 둥글고 달이 둥글고, 지구도 둥글다고 주장하였다. 그는 그런 주장에 대한 믿음을 가지고 있었다.그 믿음으로 지구를 관찰하고 증거를 찾았다.

어느 날 바닷가에 서 있는데 저 멀리서 오는 배가 돛대 끝부터 보여서 그것을 증거로 내놓은 것이다.

그리고 또 하나의 증거인 밀물과 썰물에 대해 깊이 생각하게 되었다. 만약 지구가 평평하다면 한쪽으로 기울어서 물이 한번 쏟아지면 쏟아진 물이 돌아오지 않을 것인데 지구가 둥글어서 물이 찰랑 찰랑 왔다 갔다 할 수 있다고 생각하였다. 그래서 밀물과 썰물이 지구가 둥글다는 두 번째 증거라고 생각했다.

세 번째 증거는 봄 여름 가을 겨울 4계절이 있는 것은 지구가 둥글기 때문에 계속 반복운동을 한다고 생각했다. 지구가 돌고 있기 때문에 지나간 계절이 다시 돌아온다는 생각을 한 것이다. 이 이론을 근거로 과학, 철학, 신학, 수학에서 대혁명이 일어났으며 오늘날 인공위성으로 우주를 보게 되는 시대가 되었다.

그런데 이 갈릴레오의 과학의 비밀은 믿음이었다. 당시 수평선에서

다가오는 배가 돛대 끝부터 보인다는 것을 갈릴레오 한 사람만 보았겠는가? 많은 사람이 봤고 해변가에 사는 사람들이 다 경험했던 사실이다. 그러나 그런 경험을 한 사람들 모두가 지구가 둥글다는 사실을 안 것은 아니었다. 이것이 의미하는 바는 경험했다고 다 아는 것은 아니라는 사실이다. 그래서 경험이 나에게 믿음을 주는 게 아니고 믿음이 경험을 바르게 해석하게 해주는 것이다.

그러므로 우리가 지금까지 갖고 있던 인식의 틀을 깨뜨려야 한다. 우리는 보고 믿으려고 하는데 눈에 보인다고 믿게 되는 것은 아니다. 믿음이 없으면 하나님께 대한 수만 가지의 증거를 내어 놓아도 하나님을 찾지 못한다. 그렇기 때문에 무신론자들은 억만 가지 증거를 내 놓아도 믿지 않는 것이다. 그래서 성경에 보면 믿음은 선물이라고 하였다.

하나님에 대한 큰 믿음을 가진 사람도 있고, 겨자씨만한 믿음을 가지고 있는 사람도 있다. 그러나 어느 믿음이라도 하나님의 귀한 선물이라는 사실을 기억해야 한다.

그래서 오로지 믿음은 믿음에서 오는 것이다. 작은 믿음이 큰 믿음을 낳는 것이지, 많은 증거가 작은 믿음을 낳는 것은 아니다. 그런데 여호수아서에 보면 그렇게 믿음 좋은 여호수아도 일생에 두 번 실수를 했다.

2. 여호수아도 눈에 보이는 것에 속았다

모세의 인도로 이스라엘 백성들이 출애굽하여 40년 동안 광야생활을 했다. 그 40년의 광야생활로 애굽에서 나왔던 1세대들은 광야에서 다 죽고 모세도 느보산에서 세상을 떠났다. 하나님께서는 눈의 아들 여호수아를 모세의 후계자로 세우고 가나안을 정복하라고 명령하셨다. 그리고 가나안에 있는 어떤 족속과도 화친하지 말고 모두 진멸하라고 명령하셨다. 그래서 여호수아는 60만 대군을 이끌고 가나안 정복에 나섰다. 그 당시 가나안 땅에 있던 일곱족속들은 파죽지세로 진격하는 이스라엘을 막아낼 도리가 없었다. 그러다보니 가나안 일곱 족속들이 이스라엘을 두려워하기 시작했고, 그들은 서로 연합군을 조직해서 이스라엘과 대적하였다. 기브온 거민들이 보니 이대로 있다가는 자기들이 강력한 이스라엘에 멸망당하겠다고 생각하고 간교하게 위장을 해서 이스라엘 민족을 속여 화친조약을 맺으려고 했다.

> "꾀를 내어 사신의 모양을 꾸미되 해어진 전대와 해어지고 찢어져서 기운 가죽 포도주 부대를 나귀에 싣고 그 발에는 낡아 기운 신을 신고 낡은 옷을 입고 다 마르고 곰팡이 난 떡을 예비하고 그들이 길갈 진으로 와서 여호수아에게 이르러 그와 이스라엘 사람들에게 이르되 우리는 원방에서 왔나이다 이제 우리와 약조하사이다"(수 9:4-6)

기브온 족속의 사신들은 낡은 옷과 곰팡이 난 묵은 음식을 보여 주면서 먼 곳에서 왔으니 화친하자고 제의를 한다. 이때 여호수아는 그들의 모습과 굳어진 떡을 보고서는 가나안 족속이 아니라고 판단하고는 그들과 화친하였다. 이는 여호수아의 생애에서 가장 큰 실수였다. 그러면 신앙의 인물인 여호수아가 왜 이러한 잘못을 범했을까? 여호수아 9장 14절에서 "무리가 그들의 양식을 취하고 어떻게 할 것을 여호와께 묻지 아니하고"라는 말씀대로 "여호와께 묻지 아니하였기" 때문에 실수하였다. 그 결과 기브온 거민들은 평생 이스라엘의 올무가 되어 엄청난 고통을 주게 된다. 이스라엘 민족의 역사 속에서 화근이 되어 결국에는 가나안 정복에 영영 이르지 못하게 되었다. 이제 가나안 민족과 공존하게 되고 공존하게 되면서 모세가 우려했던 일이 생겼다. 가나안 문화를 역수입하게 되었다. 멀리 본다면 결국에는 이스라엘 민족이 여호와 유일신앙을 떠나게 되고 언약을 버리게 되면서 그 결과 국가의 멸망을 갖고 오게 된다.

여호수아는 가나안 족속들과 절대 화친하지 말라는 하나님의 명령을 무시한 것은 아니었다. 최선을 다해 하나님의 말씀에 순종하려고 했다. 그래서 그들의 소지품도 검사하고 떡도 먹어보면서 나름대로 최선을 다했다. 여호수아는 순종하려고 하는 의지가 분명히 있었다. 그러나 중요한 것은 하나님께 묻지 않았다는 것이다.

기도 없는 확신은 무지보다 더 위험하다. 신앙인이라면 항상 하나님께 먼저 물어야 된다. 다른 어떤 것도 기도를 대신하지 못한다. 만약 누군가 "나는 주님 말씀대로 살려고 했는데 왜 나에게 이런 어려움이 생기는가"라고 질문하는 이가 있다면 그것은 분명히 기도가 그 삶에서 빠져있었기 때문이다.

미국에 유명한 플라스틱 회사가 있다. 그 회사 사장인 스탠리 탐은 결혼 전에 사업을 했는데 신앙심이 매우 돈독했다. 하나님 앞에 성실하게 살았는데 사업이 망했다. 그래서 하나님께 기도했다.

"하나님! 내가 십일조 생활을 안 합니까? 주일 성수를 안 합니까? 나름대로 말씀대로 사는데 왜 내 사업이 무너졌습니까?"

그때 하나님의 음성을 듣는다.

"네 사업이 무너진 이유는 그 사업에 관한한 나에게 한번도 의논하지 않았기 때문이다. 나하고 동업하자. 네가 실패한 그 사업을 나에게 한번 맡겨봐라!"

그래서 스탠리 탐은 그때부터 새롭게 출발을 하였다.

날마다 하나님과 교제하면서 사람을 만나거나 새로운 프로젝트를 시작할 때 매사를 주님과 교제하면서 회사를 운영했다. 그래서 회사가 서서히 회복이 되었다. 결혼을 하고 아내에게 스탠리 탐이 이렇게 물었다.

"결혼 전에 내가 사업을 하다 망했는데 하나님께 기도하고 맡겼더니 이렇게 성공하게 됐어요. 그래서 주식의 51%를 하나님께 드리고 나는 49%만 가지려고 하는데 당신의 생각은 어떠오?"

아내는 그렇게 하라고 말했다. 나중에는 주식 전체를 주님께 드리고 월급쟁이 사장이 되었다. 그런데 회사가 점점 더 잘되고 번창하였다. 스탠리 탐은 항상 옆에 주님이 계시다고 생각하여 차에서 내릴 때도 주님 먼저 내리게 한 다음에 자기가 내렸다고 한다. 이 회사는 전세계 130 여개국에 선교비를 투자하고 한국 모 교단 총회센터를 지어줄 정도로 큰 재력을 갖추게 되었다.

스탠리 탐의 예에서 보듯이 스탠리 탐의 믿음이 있었느냐 없었느냐 의 문제가 아니라 기도가 그 회사의 운명을 좌우한 것이다. 아무리 우리 가 최선을 다해 성실하게 살아도 기도를 대신할 수는 없다.

3. 기도는 항상 해야 하는 것이다

기도는 필요에 따라 하는 것이 아니라 상황에 관계없이 늘 하는 것이 다. 성경은 무시로 성령 안에서 기도해야 하고 쉬지 말고 기도하라고 가 르쳐 준다. 구약시대에도 보면 하나님께서는 자기 백성들에게 항상 우 림과 둠밈을 통해 하나님께 물으라고 하셨다.

"너는 우림과 둠밈을 판결 흉패 안에 넣어 아론으로 여호와 앞에
들어갈 때에 그 가슴 위에 있게 하라 아론이 여호와 앞에서 이스라
엘 자손의 판결을 항상 그 가슴 위에 둘찌니라" (출 28:30)

대제사장의 의복 중 가슴 부위에 판결의 흉패가 있는데 그 흉패 안에 우림과 둠밈이 있다. 우림과 둠밈이 어떻게 생겼는지 자세히는 잘 모르지만, 국가의 중대사를 결정하거나 재판을 할 때 우림은 빛을 발하며 응답해 주었다고 보고 있다. 그래서 여호수아는 아간을 제비뽑을 때나 지파별 땅 분배 시에 우림과 둠밈을 사용했다. 그런데 여호수아는 기브온 사건 때는 우림과 둠밈을 사용하지 않았다.

그 이유는 자신의 판단과 증거가 너무 확실하다고 믿었기 때문이다. 그러니까 이런 상태에서 기도할 필요가 없다고 본 것이다. 이것이 바로 여호수아의 큰 실수였다.

우리의 신앙생활 중에서 가장 큰 위험은 하나님께 기도하지 않아도 확실하다라고 생각하는 때이다. 할 필요가 있어서 기도하고 할 필요가 없어서 기도 안 하는 것이 아니라 범사에 그를 인정해야 하고 오직 모든 일에 기도와 간구로 아뢰어야 한다.

현명한 사업가들도 자신의 투자 감각을 100% 믿지 않는다. 그래서 항상 투자할 때 70%는 투자하고 나머지 30%는 남겨 둔다. 프로들은 아무

리 좋은 투자라 해도 다 걸지 않는다. 왜냐하면 역시 자신의 판단이 잘 못될 수 있다는 최소한의 안전장치를 확보해놓고 사업을 한다. 원래 어설픈 아마추어가 기회다 싶으면 이판사판이라고 집도 팔고 땅도 팔고 막 투자하는 법이다. 뭐든지 자기를 너무 과신하거나, 자기 경험을 확신하는 것은 전부 어리석은 것이다.

흔히 우리는 어떤 상황을 판단할 때 상식이나 경험으로 일차적인 판단을 한다. 물론 경험이나 상식이 정말 중요할 때가 있다. 사실 상식이 없는 신자는 곤란하다. 신앙생활에도 상식이 굉장히 중요하다. 상식이 없는 사람은 늘 불안하고 언젠가는 사고를 친다. 그런데 문제는 상식과 경험이 전부라고 하는 극단적인 태도가 문제가 된다. 이런 것을 무시해서도 안 되지만 기도보다는 앞세우지 말라는 말이다. 상식이 기도를 대신할 수는 없다. 기도의 자리에다 그 어떤 것도 놓을 수 없다는 것이다.

4. 여호수아의 실수는 확실한 경험에 의존한 것이었다

여호수아의 실수가 무엇인가? 지나치게 경험과 상식으로 접근한 것이다. 이렇게 옷이 낡고 음식이 딱딱하고 굳을 정도면 이것은 너무나 확실한 경험이라고 생각하였다. 그래서 결국 한 번도 기도하지 않고 결정하였다. 이것은 이분법적 사고방식이다. 기도해야 될 것과 내가 해야할 것을 구분해 놓고 신앙생활 한다는 의미이다. 가정이나 개인에게 중요하게 생각되는 것들, 즉 사업을 시작하거나 자녀의 결혼문제 등은 당연히 기도해야 된다고 생각한다. 그러나 아침에 일어나서 하루의 일과에 대해서는 구체적으로 기도하지 않는다. 왜냐하면 늘 하는 일이기 때문이다. 내가 하면 된다고 생각하고 기도하지 않는다. 기도 없이도 내 능력이나 내 경험으로 해결할 수 있다고 생각한다. 이것이 이분법적 사고라는 것이다. 여호수아 역시 그런 이분법적인 사고를 가지고 있었다. 여리고 성은 큰 성이니까 하나님께 기도해야 되는 것이고, 아이 성은 작은 성이니까 대충 우리끼리 해결할 수 있는 거라고 생각했던 것이다. 그래서 아이 성에서 참패한 것이다.

그러므로 기도하기가 가장 어려울 때는 너무 확신에 차 있을 때이다. 기도할 필요가 없다고 느낄 만큼 승승장구 할 때 그때가 진짜 영적인 위기이다. 그래서 여호수아가 일생일대 두 가지 큰 실수를 범하게 된 것이다. 그 잘못들은 어떤 대단한 사건에서 발단된 것이 아니라 지극히 작은 일에서 출발되었다.

1982년 4월 경남 의령에서 우범곤이라는 순경이 마을 주민 56명을 총으로 살해한 사건이 있었다. 그런데 그 사건의 발단이 참 사소했다. 우

순경이 낮잠을 자는데 가슴에 파리 한 마리가 앉았다. 그래서 같이 살던 동거녀가 파리를 잡는다고 가슴을 찰싹 때려서 그것 때문에 둘이 티격태격 싸우다가 우 순경이 화가 나서 무기고에서 총을 꺼내가지고 난사를 해서 많은 사람들을 죽인 것이다. 파리 한 마리가 그렇게 큰 사건의 단초가 될 줄 누가 알았겠는가? 사소한 것을 조심해야 한다.

잠언3장6절에 "너는 범사에 그를 인정하라 그리하면 네 길을 지도하시리라"고 하였다. 범사는 영어로 'trivial' 이라는 말로서 '사소한 부스러기' 라는 말이다. 생활 속에 버리는 것, 작은 것을 말한다.

성경은 그런 아주 사소한 일이라도 그리고 일상의 일들까지도 하나님을 인정하라고 가르친다. 그래서 필요나 중요성에 따라 기도할 게 아니고 무슨 일이든 모든 일에 항상 기도해야 된다.

사람이 깊은 바다에는 많이 빠져 죽지 않지만 얕은 강가에서는 많이 빠져 죽는다. 그 이유는 이런 얕은 곳에서 무슨 사고가 있겠나하고 쉽게 생각해서 그렇다.

인간의 판단이나 경험이 얼마나 믿을 만하지 못하는가에 대한 좋은 예가 있다. 경비행기를 조종할 때는 절대로 자기 생각대로 조종하지 말아야 하는 것이 원칙이다. 반드시 조종간에 달려있는 계기판만 보고 해야 된다. 비행기가 하늘로 솟구치거나 회전을 하면 땅과 하늘이 구분이 안 된다. 어떤 때는 이게 지금 올라간다고 느끼는데 실제로는 비행기가 밑으로 떨어진다. 반대로 비행기가 내려가는 것 같은데 실제로 올라가고 있다고 느낀다. 그래서 항상 계기판만 보고 해야 된다. 왜냐하면 공중에 올라가서 바다에 붕 떠있으면 느낌이 정 반대이기 때문이다. 그래서 자기 생각대로 조종간을 움직이면 틀림없이 추락한다. 이것을 비행 착각이라고 한다.

신앙생활 역시 생각이나 경험으로 판단하다가 큰 실수를 하게 된다. 사람들이 눈으로 보는 것이 얼마나 잘못되었느냐에 대한 대표적인 성경의 예가 사무엘상에 나온다.

"그들이 오매 사무엘이 엘리압을 보고 마음에 이르기를 여호와의 기름 부으실 자가 과연 그 앞에 있도다 하였더니"(삼상 16:6)

첫째는 사무엘상 16장 6절에 나오는 사무엘이 다윗을 기름 붓는 사건이다. 사무엘은 위대한 선지자이다. 오직 하나님 앞에서만 서 있는 성결한 사람이다. 그런데 그런 사무엘도 판단의 오류를 범한다. 이새의 맏아들 엘리압은 용모가 준수하고 기골이 장대하다. 그래서 왕이 될 풍채를 가지고 있다고 생각하고는 그에게 기름을 부으려고 할 때 하나님께서 "내가 그를 버렸노라 그 사람이 아니니라"고 하시면서 "나의 보는 것은 사람과 같지 아니하니 사람은 외모를 보거니와 나 여호와는 중심을 보느니라"(삼상 16:7) 고 말씀하신다.

심지어 하나님의 사람인 사무엘도 눈으로 보는 것으로 판단하면 틀릴 때가 있다. 천사라도 잘못 볼 수 있다. 우리는 기도를 통해서만 하나님의 뜻을 알 수가 있다. 그래서 기도를 대신할 수 있는 그 어떤 것도 없다. 인간의 느낌은 기도를 대신하지 못한다. 오로지 기도로만 정확한 판단을 할 수 있다. 절대로 보는 대로 판단해선 안 된다. 마음의 확신도 기도를 대신하지 못한다. 분명한 사실이라도 기도 전에 결정하면 안 된다. 따라서 눈에 보이는 것만 가지고 판단해서 결정하면 반드시 넘어지게 되어 있다.

우리는 정말 하나님을 믿고 있는지 폭등한 부동산을 믿고 있는지 되돌아 봐야 한다. 또한 자신의 재능을 의지하는지 하나님을 더 의지하는지 되물어 봐야 한다. 어떤 성도들은 돈을 더 믿고, 자기 능력을 더 의지하는데 그것은 다 착각에 불과하다.

"여호와는 가난하게도 하시고 부하게도 하시며 낮추기도 하시고
높이기도 하시는도다"(삼상 2:7)

바로 믿어야 하며 믿어야 할 것을 믿어야 한다. 사람이 자기 재능만으로는 결코 안 된다는 것을 깨달아야 한다. 정명훈씨가 "위대한 음악가로 성공하는 데는 재능만으로 되지 않는다"고 했다. 사람이 자기 지식만으로 성공하는가? 그렇지 않다. 자기를 너무 믿고 인간의 능력을 과

신하는 것이 교만인데, 그러다 실패하고 만다. 교만은 도깨비 탈을 쓰고 나타나는 것이 아니다. 때로는 교만이 교양 가운데도 있고 지성 가운데도, 인격 가운데도, 인간적인 매력에도 교만이 있다.

5. 기도하고 결정하는 지혜를 가지라

그리스도인은 하나님 앞에 겸손해야 성공한다. 교만은 패망의 선봉이요 겸손은 존귀의 앞잡이라는 말씀을 기억하라. 사람은 겸손해야 한다. 자신 위에 더 뛰어난 존재가 있다는 것을 알아야 한다. 이것을 엘리베이터 효과라고 한다.

1층 위에 2층이 있고, 2층 위에 3층이 있고, 올라가 보면 각 층 마다 사람들이 많이 살고 또 거기서 경쟁을 하고 있다. 자기는 여기까지 올라올 때 죽을 힘을 다해 올라와서 더 이상 못 올라가겠는데 올라온 곳은 아래쪽보다 더 치열하게 더 무섭게 경쟁을 하는 것이다. 그곳에 올라온 사람들은 또 힘이 남아 펄펄 뛰는 것을 볼 때 얼마나 힘겹겠는가?

미국에 하버드 대학 하면 천재들이 다 모인 곳으로 알고 있다. 세계 1등하는 사람들만 다 모인 곳이다. 그러기 때문에 엘리트리즘에 빠진 하버드인들 중에는 자신의 실패를 용납 못하는 사람들이 많다. 그들은 2등을 못 받아들인다. 그래서 하버드에 정신병자가 많다고 한다.

자신의 힘의 100%를 다 써서 목표지점까지 올라가 그곳에서 더 이상 나를 이길 경쟁자가 없다고 생각했는데 올라가 보니 나보다 훨씬 뛰어난 사람들이 꽉 찼고, 모두 힘이 남아서 펄펄 날고 있을 때 자신은 이제 더 이상 경쟁할 힘이 없어진다. 그 현실을 받아들일 수도 없고 더 이상 경쟁할 힘도 없어서 정신 이상이 되는 것이다.

우리가 계획한대로 살았다면 벌써 백만장자가 되었을 것이다. 내 생각대로 안 되는 게 세상살이다. 세상사가 그렇게 만만한 것은 아니다. 예측불가능한 일이 세상의 일이고, 인간의 일이다.

그래서 역사학자 사마천은 "도대체 세상사처럼 뜻대로 안 되는 것이 없다. 매사에 예상할 수 없는 일이 일어난다"라고 말했다. 정말 세상은 우리의 생각대로 흘러가지 않는다. 내 생각대로 되는 게 없다.

그러기에 세리의 기도처럼 "나는 아무것도 아닙니다, 나는 아무것도 할 수 없습니다"라는 마음을 가져야 한다. 스스로 무엇이든지 할 수 있다고 생각할 때 넘어진다. 그래서 여호수아가 무너진 것이다. 여호수아는 자신이 원하기만 하면 하나님께 물을 수 있었다. 사실 피할 수 있는 길을 하나님께서 열어주셨는데, 그리고 이미 제시했는데 여호수아는 그렇지 못했다. 피할 수 있었다는 점에서 애석함이 있다. 여호수아는 하나님의 뜻을 겸손하게 묻고 기다렸어야 되는데, 그 점에 실패한 것이다.

여호수아 9장 15절에 보면 여호수아가 하나님의 뜻을 받기도 전에 맹세를 한다. "여호수아가 곧 그들과 화친하여 그들을 살리리라는 언약을 맺고 회중 족장들이 그들에게 맹세하였더라"는 말씀 중에 '곧' 이란 말은 히브리어 성경을 보면 시간적 간격 없이라는 말이다. 얼마든지 조금 더 기다려보고 그리고 하나님의 뜻을 살펴본 후에 결정해도 되는데 즉시로 행동에 돌입한 것이다.

모든 실패나 실수를 보면 대부분 성급한 결정에서 오는 것이다. 결혼이나 사업 혹은 어떤 일을 결정할 때 압박을 받으면서 하는 것은 좋지 않다. "오늘 이런 기회 놓치면 큰일납니다!" 라는 그런 기회는 놓쳐야 한다.

사기꾼들이 그걸 잘 이용한다. 사기꾼들은 생각할 시간을 주지 않는다. 그래서 우리는 누군가 급박하게 밀어부치면 하지 말아야 한다. 그것이 지혜로운 것이다.

알렌 레드 패쓰란 사람은 이렇게 말한다.

"다급한 결정이 필요할 때도 먼저 하나님의 판단을 구하라. 의심이 가시지 않거든 그 자리에 머물러라. 기도할 시간이 없거든 아무것도 하지 마라. 확신의 평안이 없거든 그 길로 가지 마라."

우리는 어떤 일을 결정할 때 먼저 기도하고 마음에 확신이 있을 때 움직여야 한다. 기도 없는 자기 확신은 무지보다 더 위험하다.

6장

사무엘의 기도

"사무엘이 가로되 온 이스라엘은 미스바로 모이라 내가 너희를 위하여 여호와께 기도하리라 하매 그들이 미스바에 모여 물을 길어 여호와 앞에 붓고 그 날에 금식하고 거기서 가로되 우리가 여호와께 범죄하였나이다 하니라 사무엘이 미스바에서 이스라엘 자손을 다스리니라 이스라엘 자손이 미스바에 모였다 함을 블레셋 사람이 듣고 그 방백들이 이스라엘을 치러 올라온지라 이스라엘 자손이 듣고 블레셋 사람을 두려워하여 사무엘에게 이르되 당신은 우리를 위하여 우리 하나님 여호와께 쉬지 말고 부르짖어 우리를 블레셋 사람의 손에서 구원하시게 하소서 사무엘이 젖 먹는 어린 양을 취하여 온전한 번제를 여호와께 드리고 이스라엘을 위하여 여호와께 부르짖으매 여호와께서 응답하셨더라 사무엘이 번제를 드릴 때에 블레셋 사람이 이스라엘과 싸우려고 가까이 오매 그 날에 여호와께서 블레셋 사람에게 큰 우뢰를 발하여 그들을 어지럽게 하시니 그들이 이스라엘 앞에 패한지라 이스라엘 사람들이 미스바에서 나가서 블레셋 사람을 따라 벧갈 아래에 이르기까지 쳤더라"(삼상 7:5-11)

사무엘서에서 가장 중요한 것은 미스바 사건이다. 당시 이스라엘은 죄가 넘쳐나던 시대였다. 이스라엘은 블레셋과 가나안의 여러 우상들을 숭배하고 있었다. 그래서 엘리 제사장 시대에 블레셋은 이스라엘을 공격해서 법궤도 빼앗고 이스라엘을 완전히 점령해 버린다. 그러한 기간이 무려 20년이나 되었고 이제 엘리가 죽은 후 사무엘이 등장하였다.

사무엘은 이스라엘 백성들을 향해 우상과 재물, 탐욕 등 자기 마음 속에 있는 모든 죄들을 버리고 오직 여호와 하나님만을 섬기라고 호소하였다. 사무엘의 요구에 의해 온 이스라엘은 미스바에 모여 금식하며 죄를 회개한다. 그것을 본 블레셋 사람들이 쳐들어왔다. 그러자 이스라엘 백성들은 두려워하며 사무엘에게 기도를 부탁하였고 사무엘은 하나님께 간절히 기도한다. 결국 이스라엘 백성들은 블레셋 사람들을 크게 물리치게 되는데 그게 미스바 사건이다. 이것을 중심으로 말씀을 살펴보자.

이 미스바 사건을 이해하기 위해서는 그때까지의 역사를 아는 것이 중요하다. 이스라엘 백성들은 출애굽해서 40년 만에 가나안 땅을 점령

한다. 가나안 땅을 정복한 후 여호수아는 세겜에서 이스라엘 백성들에게 마지막 고별설교를 한다. 그 설교의 핵심은 가나안 땅의 우상을 섬기지 말고 오직 여호와만 섬기라는 것이다. 그러나 여호수아가 그렇게 염려했던 것이 현실로 나타나게 된다. 여호수아가 죽고 그를 따르던 장로들과 백성들이 죽자 그 후의 세대들은 하나님이 행하신 일을 잊고 하나님이 하신 말씀을 잊었다. 그들은 자연스럽게 하나님을 떠나 가나안 땅의 우상인 바알신을 섬기게 되었다. 그런 현상이 엘리 때까지 반복된다. 그래서 이스라엘은 고난과 징계를 받게 되고 결국에는 법궤까지 빼앗겨 그런 상태로 20년간 영적 암흑의 시대를 보내게 된다. 이러한 상황 속에서 등장한 인물이 사무엘 선지자이다.

1. 이스라엘의 범죄

사무엘서를 보면 그 시작부터 불행의 서막인 늙은 제사장 엘리가 등장한다. 당시의 시대는 아직 왕이 세워지기 전이었기 때문에 제사장은 왕의 역할도 감당했어야 했다. 그런데 엘리는 제사장으로서 많은 문제점을 가지고 있었다.

첫째, 영적으로 문제가 있었다. 엘리는 제사장임에도 하나님의 음성을 듣고자 기도하지 않았다. 제사장은 영적으로 깨어 있도록 늘 기도하면서 하나님과 가까이해야 하는데 엘리는 영적으로 어두웠다.

둘째, 지도자로서 무능했다. 한마디로 제사장으로서의 사명이 결여되어 있었다. 그는 백성들의 고통을 몰랐다. 제사장은 백성들의 아버지라고 할 수 있기 때문에 엘리는 백성들을 하나님의 말씀으로 바르게 가르치고 그들을 바르게 인도할 의무가 있었다. 그러나 그는 그러한 의지도 없었고 능력도 없었다.

셋째, 가정의 아버지로서도 낙제점이었다. 그의 아들들인 홉니와 비느하스는 오늘날의 불량배와 다름없었다. 그들은 회막에서 수종드는 여인과 동침하며 여호와의 제물을 강탈했다. 이것은 엘리가 제사장 이전에 아버지로서도 실패자였음을 여실히 보여주는 내용이다. 신약에서 장로의 조건 중 하나는 한 가정을 잘 다스리는 사람이다. 그러나 엘리의 아들들이 하나님 앞에 큰 죄를 범하고도 뉘우치지 않는 것을 볼 때, 엘리는 자녀에 대한 교육을 제대로 못했음이 틀림없다. 또 바르지 못한 행동을 하는 자녀들을 엄히 경계하지 않은 것만 봐도 엘리가 문제 아버지라는 것을 알 수 있다.

당시 이방신전에서는 미동과 여사제가 있어서 행음은 흔히 있는 일이었다. 그런 타락한 종교문화가 여호와의 전에까지 들어온 것이다. 그런데 더욱 심각한 것은 엘리가 자식들에게 경고만 했을 뿐이지 그들을 다스리지 않았다는 점이다. 그러다보니 홉니와 비느하스는 대수롭지 않게 생각했다. 엘리는 그 문제를 심각하게 생각해서 가문의 운명을 흔들고 이스라엘 전체 신정국가의 무질서를 갖고 올 죄라고 생각했어야 됐는데 그렇게 보지 않았다.

즉 엘리는 두 아들의 죄를 보고도 진심으로 슬퍼하는 마음도 없고 그것을 탄식하는 마음도, 두려워하는 마음도 없었다. 단지 원망만 했다. 이런 상황에서 블레셋이 이스라엘을 침략해 왔다. 이러한 절체절명의 상황 속에서 우리가 중요하게 살펴볼 것은 이스라엘이 전쟁터에 법궤를 가져갔다는 사실이다.

엘리의 두 아들은 왜 전쟁터에 법궤를 가져갔을까?

홉니와 비느하스는 과거 여호수아가 하나님의 법궤를 앞세우고 여리고 성을 돌았을 때 여리고 성이 무너진 것을 보고는 법궤만 있으면 다 된다고 생각했기 때문이다. 즉 홉니와 비느하스는 자신들에게 법궤가 있기 때문에 살아계신 하나님과의 어떤 인격적인 관계는 별로 중요하지 않게 생각했다. 그러나 하나님의 힘이 법궤와 함께 있다는 믿음은 잘못된 신앙이다.

홉니와 비느하스는 블레셋과의 전쟁에서 잘못된 믿음을 가졌던 것이다. 그들은 하나님보다 법궤를 더 많이 의지했다. 그런데 법궤는 엄밀히 따지면 하나의 물건에 불과하다. 그 법궤 자체에는 이스라엘 백성을 구원해 줄 아무런 힘이 없다. 그들은 말씀을 등지고 살면서도 법궤 자체에는 어떤 특별한 효능이 있다고 생각했다. 그래서 전쟁터에 법궤를 가지고 나간 것이다. 그들은 하나님의 능력이 법궤가 있는 곳에 같이 있다고 생각했다. 그러나 이것이 우상숭배의 전형이다.

그런 면에서 본다면 우리 안에도 우상숭배가 얼마든지 있다. 살아계시는 하나님보다 눈에 보이는 어떤 것을 더 믿고 있다면 그것이 우상숭배이고 샤머니즘이다.

샤머니즘의 핵심은 위무이다. 신을 살살 달래서 자신이 요구하는 것만 받아내는 것이다. 문제는 그 신이 내게 요구하는 삶이 없다는 것이다. 내게 어떻게 살라고 하는 요구 같은 것은 없다. 윤리적인 삶의 변화나 요청도 없다. 그러므로 사람들은 단지 그 힘만 빌리고자 한다. 법궤가 바로 그것에 해당된다. 홉니와 비느하스는 소의 고삐를 끌면 소가 들어오듯이 법궤를 끌어당기면 하나님의 힘이 오는 줄 알았던 것이다.

이런 식의 신앙은 오늘날에도 얼마든지 횡행한다. 따라서 우리의 믿음이 진실한 것이냐고 스스로 물어보아 진정으로 살아계신 하나님을 믿는 것인지 다른 어떤 것을 더 많이 의지하고 있는지 깊이 생각하고 판단해야 한다.

오늘날 교회 안에도 굉장히 교묘한 형태로 불신앙의 문제가 자리 잡고 있다. 좀처럼 이 함정에서 벗어나기가 쉽지 않다. 특별히 눈에 보이는 가시적이고 감각적인 어떤 대상들에 대해 의지하는 마음이 너무 강하게 자리 잡고 있다. 과거 우리 한국교회는 굉장히 열심히 기도했다. 보통 10시에 철야기도를 시작해 오전 4시에 끝날 정도로 교회는 기도하는 소리로 늘 웅성 거렸는데 오늘날 기도하는 열심이 자꾸 식어지고 있다. 그것은 한국사회가 그만큼 물질화되고 생활이 편해지면서 눈에 보이지 않는 하나님께 호소하기보다는 물질적인 풍요를 의지하고 편리함을 추구하기 때문에 기도열심이 식는 것이다.

그래서 지금 가나안땅에 정착하고 그곳에 뿌리를 내리고 있는 이스라엘 민족이 겪었던 첫 번째 도전도 마찬가지였다. 광야의 삶을 살다가 가나안 땅에 들어가 보니 그 땅은 젖과 꿀이 흐르는 땅이었다. 이스라엘 백성의 마음에 '이제 됐다 살만 하구나' 하는 생각이 들었다. 그리고 넉넉한 마음, 편리함을 추구하고 싶은 마음도 들었다. 그 결과 지도자가 타락했고 이어 이스라엘 백성들도 하나님을 떠나게 되었다. 하나님보다 눈에 보이는 것들을 더 많이 의존하게 된 이스라엘 백성의 불신앙의 결과이다. 하나님보다 눈에 보이는 것들을 더 많이 의존하게 되면 반드시 하나님을 떠나게 된다.

2. 사무엘은 개혁운동을 일으켰다

"아이 사무엘이 엘리 앞에서 여호와를 섬길 때에는 여호와의 말
씀이 희귀하여 이상이 흔히 보이지 않았더라"(삼상 3:1)

'말씀이 희귀하여' 라는 부분을 살펴보면, 희귀했다는 말은 하나님의 계시가 없었다는 게 아니라 문자적으로 말하면 이스라엘 민족이 하나님의 말씀 듣기를 싫어했다는 뜻이다. 즉 하나님 편에서 계시를 주지 않았다가 아니라 들을 사람이 없었다는 것이다. 들을 자도 없었지만 전달자도 말씀에 무뎌져 있었다. 들어야 될 이스라엘 백성들이나 전해야 할 엘리나 똑같이 영적으로 무력했다.

이것은 그 당시 이스라엘 민족의 위기의 원인이 되었다. 이러한 위기의 결과로 나타난 것은 주위에 있는 블레셋의 강성함이고 이스라엘의 쇠퇴이다. 그러나 더 중요한 것은 백성들의 영적 해이함이다. 그것을 상징하는 사건은 법궤가 블레셋의 손에 넘어가 있다가 다시 이스라엘로 돌아오고 난 다음에도 실로에 있지 못하고 아비나답의 집에 있었다는 것이다. 법궤가 있어야 될 마땅한 자리에 있지 않고 한 개인의 집에 무려 20년 동안 머물렀다는 자체가 굉장히 상징적이다. 이 사건은 이스라엘 신정 국가의 상태가 그만큼 하나님을 떠나 있었다는 것을 단적으로 보여준다.

우리도 종종 죄를 지으면 위기의 본질과 결과에 대해 혼란이 생긴다. 문제를 하나님의 징계로 보지 않고 자연현상으로만 본다. 예를 들면 두통이 올 때 머리가 아픈 것은 여러 가지 원인이 있다. 사람이 배가 아파도 머리가 아픈 것이고 더 큰 병이 있어도 머리가 아픈 것인데 병의 근본 원인을 알지 못한 채 두통약만 먹으려고 한다. 그와 같은 식으로 이스라엘 민족의 문제도 살아계신 하나님의 말씀을 떠났기 때문에 온 것인데 이스라엘 민족은 이런 죄에 대한 원인을 인식하지 못했다.

일단 사람이 죄에 빠지면 오늘 내가 당하는 결과가 하나님을 떠난 결과로 왔다는 사실을 인식하지 못하는 인식론적인 한계에 빠진다. 그것이 죄의 속성이다. 그리고 오랫동안 같은 죄를 반복해서 짓는다. 죄에 대한 인식이 무뎌졌기 때문이다. 이것은 상당히 중요한 것임에도 요즘 사람들은 죄를 죄라고 인식하지 않고 단지 추상적으로 생각한다. 그래서 사건이 벌어졌을 때 자신이 저지를 죄로 인해 이렇게 엄청난 사건이 생겼으리라고 생각하지 못하는 것이다.

보통 사람은 결과가 나타나야 자신이 지은 죄를 후회한다. 죄를 짓는 중에 후회하는 사람은 아무도 없다. 오히려 스릴을 느끼며 죄를 즐긴다. 죄에 대한 탄식과 후회는 참혹한 결과가 벌어졌을 때에 비로소 하게 된다. 현실의 비참함에 이르러서야 하나님을 찾게 된다. 그러므로 우리는 실패의 원인을 밖에서 찾지 말고 나 자신에게서 찾아야 한다. 내가 기도하지 않아서 이렇게 되었음을 인식하고 주변 환경과 남의 탓으로 돌려서는 안 된다. 어떤 문제에 실패했을 때, 사회가 나빠서라든가 제도가 좋기 때문이라는 생각은 소인들의 생각이다. 또한 실패의 원인을 타인에게 돌리는 것도 어리석은 짓이다. 우리는 실패의 원인을 자기로부터 내면에서 찾아야한다.

1장부터 6장까지에는 몇 가지 사건이 겹쳐 나오지만 메시지는 단 하나이다. 이 모든 사건은 이스라엘 민족이 하나님을 떠났다는 것을 보여주고 있다. 엘리의 무능과 두 아들의 타락, 블레셋과의 전쟁에서 법궤를 빼앗긴 사건, 엘리 가문의 몰락과 법궤의 잘못된 안치 등은 이스라엘 민족이 하나님을 떠났다는 것을 상징해 주는 사건들이다. 그런데도 이스라엘 민족은 이런 사태의 원인을 파악하지 못하고 있다. 이스라엘 백성들은 자신들이 당한 현실은 고통스러워하지만 그 현실의 원인은 알지 못한 채 20년을 살아간다. 그래서 20년 동안 하나님의 침묵이 이어진 것이다. 하나님의 침묵이 이어지는 이때가 가나안 땅에 정착한 이스라엘 민족이 겪었던 가장 길고 어두운 영적인 암흑기였다. 그러던 중에 하나님의 은혜가 나타난다. 그 20년 동안 하나님께서는 사무엘을 준비시키셨다.

사무엘은 3살까지는 어머니 한나의 집에 있었고 4살부터는 성전에서 살았다. 성경에 보면 어린 사무엘이 하나님을 잘 섬긴 내용들이 나온다.

> "그 아이는 제사장 엘리 앞에서 여호와를 섬기니라"(삼상 2:11)
> "사무엘이 어렸을 때에 세마포 에봇을 입고 여호와 앞에 섬겼더라"(삼상 2:18)
> "아이 사무엘은 여호와 앞에서 자라니라"(삼상 2:21)
> "사무엘이 자라매 여호와와 사람들에게 은총을 받더라"(삼상 2:26)
> "아이 사무엘이 엘리 앞에서 여호와를 섬겼더라"(삼상 3:1)

이제 엘리가 죽자 사무엘은 위기에 빠진 이스라엘을 구하기 위해 등장한다. 20년이 다하는 날 혜성같이 사무엘이 등장한 것이다. 그리고 사무엘은 이스라엘 백성들을 향해 하나님께 돌아오라고 외친다. 이스라엘 백성들은 문제의 원인을 캐지 못하고 있다가 사무엘이 나타난 7장에 가서야 비로소 그들은 깨닫게 된다. 그러나 사무엘이 이스라엘 민족에게 외친 말씀은 새로운 계시가 아니다. 법궤의 능력을 가지고 온 것이 아니라 법궤의 정신을 가지고 왔다. 사무엘은 국가의 위기가 전체 이스라엘 민족의 불신앙 때문이라는 것을 외치면서 하나님께 돌아오라고 회개운동을 펼쳤다. 온 이스라엘을 미스바에 모으고 하나님 앞에 금식하며 입으로 자기들의 죄를 고백하게 했다. 또 물을 길어서 하나님 앞에 붓게 하였는데 그것은 집단적인 정결을 의미한다. 이는 하나님을 떠나 다시는 세상으로 돌아가지 않겠다는 의식이다. 이스라엘 백성들의 대대적인 회개운동인 미스바 운동이 벌어진 것이다.

미스바 운동의 핵심은 사무엘상 7장 3절이다.

"너희가 전심으로 여호와께 돌아오려거든 이방 신들과 아스다롯을 너희 중에서 제하고 너희 마음을 여호와께로 향하여 그만 섬기라"

사무엘은 이스라엘 백성에게 하나님만을 섬기라고 요구한다. 이 말은 하나님께 완전히 돌아오라는 것인데, 앞의 말씀중에 "그만"이라는 단어는 중요한 말이다. 그 이유는 이스라엘 민족이 하나님과 가나안의 신상을 같이 섬기고 있었기 때문이다. 이스라엘 백성들은 하나님을 한 번도 떠난 적은 없다. 또한 이스라엘은 하나님만을 섬긴 적도 없다. 이것이 바로 이스라엘 패망의 원인이다. 기독교의 본질은 타협이 아니다. 언약종교에 있어서 가장 중요한 것은 순종이다.

요한일서 5장 21절에도 "자녀들아 너희 자신을 지켜 우상에서 멀리하라"고 말씀하고 있는데 이 표현은 굉장히 재밌는 표현이다. '지키라' 는 말은 우상으로부터 거리를 두고 가까이 가지 말라는 말이다. 말하자면 단순한 회개기도만으로 부족하다는 말씀이다. 사람들마다 고

질적으로 끊지 못하는 습관화 된 크고 작은 죄들이 있다. 그러므로 그런 죄들과 우리는 거리를 두어야 한다. 우리는 매일 기도하고 회개한다. 그러나 실제로 회개에 따른 삶이 수반되지 않는 경우가 많다. 이스라엘 백성들도 그러했다.

그렇게 이스라엘 백성들이 영적인 문제를 안고 울 때 사무엘이 나타나서 개혁운동을 일으켰다. 사무엘이 그들에게 요구했던 것은 생활의 변화였다. 그런데 이것은 그렇게 쉬운 일이 아니다.

오래전에 신문에서 소매치기 전과 16범이 제재소에서 톱으로 자기 두 팔을 자른 기사를 봤다. 팔을 자르면 소매치기는 못할 것이다. 그러나 마음의 죄는 해결할 수 없다. 도박하는 사람들 역시 손을 자르기도 하지만 마음을 다스리지 못하는데 손을 자른다고 문제가 해결 되겠는가? 결국 죄의 문제는 하나님의 능력이 아니면 해결하지 못한다. 신자의 삶은 하루하루가 끊임없는 죄와의 싸움이다. 죄와 싸움이 없는 시간을 기다리는 것은 성자의 소원이지만 신자의 현실은 날마다 죄와의 싸움이다.

그래서 서구교회는 세례를 줄 때 우리나라의 교회처럼 "앞으로 술먹지 않겠습니까?, 죄를 끊겠습니까?" 이렇게 묻지 않고 "이 시간부터 주님 부르시는 날까지 죄와 싸우기를 그치지 않겠다고 서약하십니까?"

라고 묻는다. 이것이야말로 정말 바람직한 신앙고백이다.

신앙생활을 너무 가볍게 보면 안 된다. 어느 한순간 은혜 받으면 모든 문제가 해결되는 것처럼 생각될 때가 있는데 그렇게 되는 것이 아니다. 신자가 된다는 것은 끝까지 죄와 싸우겠다는 것이다.

죄에서 승리하는 길은 오직 회개하며 하나님께로 돌아가는 길밖에 없다. 하나님께로 돌아가는 것이 우리가 살길임을 믿어야 한다. 하나님께 돌아왔을 때 이스라엘에 구원의 역사가 나타난다. 우리 하나님은 하나님께 돌아오기만 하면 우리를 도와주시는 에벤에셀의 하나님이시다.

이스라엘이 미스바에 모였다는 소식을 들었을 때 블레셋 방백들이 치러 올라왔다. 그러나 하나님께서 우레를 발하여 그들의 진영을 어지럽게 하셨고 이스라엘은 대 승리를 거두며 빼앗겼던 땅까지 도로 찾았다. 이렇게 하나님께서 이스라엘을 건져주시고 지경을 회복시켜주신 것은 이스라엘의 미스바 회개운동의 기도 결과라고 할 수 있다. 사무엘은 승리 후 미스바와 센 사이에 돌을 세워놓고 에벤에셀이라고 불렀다. "하나님께서 여기까지 우리를 도우셨다"는 말이다. 에벤에셀의 축복은 전적으로 미스바 운동의 결과라고 할 수 있다. 미스바에서 금식하며 기도하고 부르짖었기에 에벤에셀의 축복이 온 것이다.

기도하면 하나님께서 우리를 지켜주시고 막아주시고 회복시켜 주신다. 13절,14절의 축복 역시 미스바의 결과이다.

> "이에 블레셋 사람이 굴복하여 다시는 이스라엘 경내에 들어오지
> 못하였으며 여호와의 손이 사무엘의 사는 날 동안에 블레셋 사람
> 을 막으시매 블레셋 사람이 이스라엘에게서 빼앗았던 성읍이 에
> 그론부터 가드까지 이스라엘에게 회복되니 이스라엘이 그 사방
> 지경을 블레셋 사람의 손에서 도로 찾았고"(삼상 7:13-14)

이스라엘은 블레셋을 물리친 것으로 그친 것이 아니라 과거에 빼앗겼던 성읍들까지 도로 찾았다. 에벤에셀의 하나님께서는 잃어버렸던 것을 회복시키시는 하나님이시다. 우리가 믿어야 하는 것은 우리가 하나님께 돌아와 회개가 깊어지면 반드시 잃어버린 은혜를 다시 회복하게 된다는 것이다. 이것이 미스바의 교훈이다.

사사기에 삼손이란 인물이 나온다. 삼손이라고 하는 사람은 대단한 축복을 받았다. 그러나 기억할 것은 삼손을 축복했다기보다는 삼손의 믿음을 축복한 것이다. 그렇지만 그 축복을 제대로 분별하지 못했기 때문에, 삼손은 믿음에서 떠났다. 포로가 되어 눈이 빠진 채 연자 맷돌을 돌리며 원수들의 조롱거리가 되었다. 성도의 모든 불행은, 하나님을 떠난 데서 일어난다. 그는 하나님이 주신 많은 복을 받았지만, 하나님의 뜻을 깨닫지 못해서 세상에 그 복을 다 가져다 주고 말았다. 삼손이 자

신의 잘못을 깨달았을 때, 그에게 능력이라고는 하나도 없었다. 그리고 보이는 것도 없었다. 이 말은 육신의 눈이 안 보인다는 말이 아니라 영적인 눈이 어두워졌다는 말이다. 예를 들어 아무리 육신의 입으로 말을 잘 한다 해도 입에서 신령한 말이 안 나오면 입이 없는 것이나 마찬가지이다. 또한 아무리 팔 다리가 튼튼해도 믿음의 역사를 일으키지 못하면 손과 발이 묶인 것이나 다름없다.

삼손이 정신을 번쩍 차렸을 때, 손발이 묶여 있었고 머리카락은 다 잘렸으며 잘린 머리카락처럼 지녔던 능력도 모두 사라진 채 무기력하고 무능력한 상태에서 매일 연자 맷돌을 돌리고 있는 자신을 발견하게 되었다. 그러나 이 모습은 삼손만이 아니라 오늘 우리들의 모습이다. 우리도 매일 교회에서 자의반 타의반으로 연자 맷돌을 돌린다. 오늘도 교회 가서는 또 연자맷돌을 빙그레 돌리고 오는 것이다. 그러나 삼손과 우리가 다른 점이 있다. 삼손의 위대함은 그가 하나님께로 돌아왔다는 점이다.

어느 날 삼손은 무능력하게 연자맷돌을 돌리고 있는 자신을 되돌아보게 된다. 그는 자신이 하나님께 큰 축복을 받았음에도 불구하고 지금 이렇게 연자맷돌을 돌리고 있는 것이 너무도 안타까웠다. 삼손은 하나님께 기도하고 또 기도했다.

"내게는 변화가 필요합니다. 내게는 개혁이 필요합니다. 내게는 하나님의 축복이 필요합니다. 내게는 하나님의 거룩한 사건이 필요합니다. 이 생명에 하나님의 은총을 허락하소서."

놀라운 것은 하나님과 이런 간구가 깊어지면 깊어질수록 자신이 잃어버렸던 은혜를 회복한다는 것이다.

성경은 말하기를 삼손이 하나님의 능력을 회복하고 잃어버렸던 기도를 다시 붙든 다음에 행한 일은 전에 행했던 역사보다 훨씬 컸다고 했다.

하나님은 우리의 기도를 들으시고 인도하시며 기도를 통해서 일하신다. 그래서 우리가 기도를 붙들어야 하는 것이다.

우리의 기도는 너무도 귀하다. 우리의 모든 실패와 과거를 벗어날 수 있는 길은 기도밖에는 없다. 기도를 붙들면 실패한 과거를 이길 수 있다. 문제를 해결하는 길 중에서 우리 하나님 앞에 기도하는 일이 가장 지혜롭고 귀한 일이다. 그래서 하나님의 자녀된 우리는 아무리 절망적인 삶을 살고 있다 할지라도 기도를 붙들면 꿈같은 기적이 일어날 줄을 믿고 기도해야 한다.

"주여 이 생명에 믿음 주시옵소서! 주여 이 생명에 변화된 믿음 주시옵소서! 달라진 믿음 주시옵소서! 산을 옮길 믿음 주시옵소서! 주여 이 생명에 믿음 주시옵소서!"

우리가 보기에 어려운 일도 하나님은 쉽게 해결하신다. 내가 못하는 것이고 나에게 어려운 것이지 하나님은 어렵지 않으시다. 홍해가 갈라지는 것이 우리가 보기에는 기적이나 하나님 보시기에는 너무 쉬운 것이다. 아이들은 마을의 작은 도랑도 건너기 힘들지만 어른들에게는 눈 감고 건너가는 것과 같다. 정말 하나님을 믿고 기도하면 하나님께서 우리의 기도에 역사하신다.

지금까지 목회하면서 내가 확실하게 믿는 것이 하나있다. 뭐든지 기도하고 믿음으로 나가면 안 되는 게 없다는 것이다. 힘이 없는 것은 기도가 없기 때문이고 두려워하는 것 역시 기도가 없기 때문이다. 또 하니님온 우리가 많이 구하면 많이 주시고 적게 구하면 적게 주신다. 우리가 하나님께 구한만큼 받는다. 그래서 기도보다 내려갈 수 없고 기도 이상 올라갈 수 없다는 것이다. 즉 기도한 것만큼 축복을 받는다. 기도 이상도 이하도 아니라는 것, 그것이 기도의 법칙이다. 회복한 기도로 모든 실패를 초월하여 사무엘처럼 삼손처럼 놀라운 역사를 체험하도록 하자.

7장

다윗의 기도

백성이 각기 자녀들을 위하여 마음이 슬퍼서 다윗을 돌로 치자 하니 다윗이 크게 군급하였으나 그 하나님 여호와를 힘입고 용기를 얻었더라 다윗이 아히멜렉의 아들 제사장 아비아달에게 이르되 청컨대 에봇을 내게로 가져오라 아비아달이 에봇을 다윗에게로 가져오매 (삼상 30:6-8)

1. 다윗은 도피 기간 중 오점을 남겼다

오늘날 그리스도인들에게 다윗에 대하여 떠오르는 것을 말하라고 하면 물맷돌 5개로 골리앗을 죽인 용맹한 사람, 하나님의 마음에 합한 사람, 기도의 사람이라고 말을 한다. 그러나 성경에서 소개하고자 하는 다윗의 모습이 정말 그럴까?

우리는 성경의 인물들을 너무 모델로만 제시하면 안 된다. 인간에 대하여 성경이 강조하고 있는 것은 성경 속 인물들이 많은 오점이 있지만, 실낱같은 그 믿음 하나를 보시고 하나님이 많은 허물을 다 덮어 주시고 다듬어서 하나님의 귀한 일꾼으로 사용하였다는 것이다. 다윗도 하나님의 뜻을 거역한 삶을 산 적이 있다. 한 때는 물맷돌로 골리앗을 쓰러뜨려 적장의 머리를 벤 적도 있었는데, 이후 사울 왕에게 쫓기자 적군 편에 서서 자기 백성들을 상대로 전쟁을 벌이기도 하였다. 그것은 자기 민족과 하나님에 대한 배신행위였다. 이처럼 다윗이란 사람도 인생을 살면서 수많은 약점과 오점을 남겼다. 이것을 어떻게 설명해야 하는가?

사울왕이 다윗을 죽이려고 할 때, 다윗은 블레셋 지방으로 도망을 간다. 다윗은 거기서 블레셋 거민들과 함께 살았다. 다윗이 블레셋 지역에 거주할 때가 다윗의 도피 생활 중에서 가장 안정된 생활을 누린 기간이다. 부하들도 많이 생기고 아내도 생기고 그래서 나름대로 평안한 삶을 살았다. 그러나 다른 한편으로 그 기간이 다윗에게는 영적으로 가장 어두운 시기였다.

유다 땅을 떠나지 말라는 선지자의 경고도 무시했고, 하나님께서 화친도 맺지 말라고 하는 블레셋 거민들과 같이 살았고, 그들 편에 서서 이스라엘 백성을 치는 전쟁에까지 나갔다. 그리고 블레셋으로 간 후에는 한 번도 주의 이름을 불렀다는 기록도 없다. 이 시기는 다윗의 생애 중 가장 어두운 영적 암흑기였다고 할 수 있다.

얼마의 시간이 흘러 블레셋과 이스라엘이 전쟁을 하게 되었는데 그때 가드왕 아기스는 다윗도 함께 전투에 나가자고 참전을 요청하였다. 그래서 다윗도 600명의 군사들과 함께 전쟁에 참여하게 되었다. 그런데 전쟁하러 나온 블레셋의 장군들이 이 다윗을 보고 한 때 적장이었기에 믿을 수 없다고 하면서 함께 가기를 싫어했다. 결국 다윗과 군사들은 되돌아올 수밖에 없었다.

전쟁에 참여할 수 없다는 것이 다윗에게는 아마 큰 실망과 좌절감을 주었을 것이다. 왜냐하면 장군이 전쟁에 참여하지 못하면 이미 그것은 생명을 잃어버린 것이기 때문이다. 그 당시 군인들은 전투에 나가 전리

품으로 생계를 이어갔었다. 다윗에게 속한 사람들은 지금 특별하게 생계수단이 없는 사람들이다. 전쟁터로 나가서 전쟁한 후 전리품으로 살아야 되는데 지금 전쟁에 참여하지 못하니 생계가 막연하게 된 것이다. 그러니까 얼마나 다윗이 실망하고 돌아왔겠는가?

그런 그들이 이제 시글락으로 되돌아왔을 때 그들 눈앞에는 일생일대의 가장 충격적인 사건이 기다리고 있었다. 성이 불타고 아내들과 자녀들은 끌려가고, 그리고 모든 재산을 약탈당했다. 자기를 추종하고 따르던 부하들도 등을 돌리는 상황이 되었다. 인간으로는 더 이상 내려갈 수 없는 가장 절망적인 자리에 떨어지고 만 것이다. 사무엘상 30장 4절에 보면 그와 함께 한 사람들이 너무 슬퍼서 울다가 눈물이 말라 더 이상 울지 못할 정도였다. 그런데 바로 이러한 비극이 벌어진 데는 원인이 있었다. 그것은 블레셋 땅으로 피신한 27장부터 다윗이 오늘 이 사건이 있기까지 한 번이라도 여호와의 이름을 불렀다는 말씀이 나오지 않는다. 즉 비극의 원인은 다윗이 하나님을 떠나 있었기 때문이었다.

성경에는 일정한 패턴이 있다. 그 패턴은 부르심, 타락, 징계, 회개, 구원이다. 일단 하나님이 먼저 부르시고, 그들이 떠나 타락하고 그리고 징계하고 회개하여 구원을 얻는 사이클이 있다. 이것을 사사기 사이클이라고 한다. 다윗 역시 그런 사이클 안에 들어갔다고 볼 수 있다. 모세도, 아브라함도, 성경의 많은 인물이 이 패턴대로 오점을 남겼다. 이 것은 보편적인 원리이다. 우리 중에도 이런 사이클 안에서 신앙생활을 하고 있는 사람들이 많이 있다. 먼저 하나님께서 우리를 부르시는데 그 부르심과 함께 반드시 시련과 시험이 온다. 그래서 믿음으로 살아야 되 는데 문제는 믿음으로 시련을 잘 통과하지 못한다는 것이다. 왜냐하면 아직까지 믿음이 어리기 때문에 그렇다. 그래서 중간에 타락을 하게 된 다.

다윗도 그런 사이클 안에서처럼 타락하였던 것이다. 하나님을 떠나 있었고 그가 하나님의 원수의 편에 서서 언약 백성을 치려고 했고 소명 을 잊어버리고 안일한 삶을 살았다. 오늘날 대부분 성도들도 이런 모습 을 가지고 살 때가 많이 있다. 그런데 이 타락이란 것은 여름의 폭풍처 럼 오는 게 아니라 잔잔한 파도처럼 온다. 자기도 모르는 사이에 서서히 타락한다. "타락한다! 타락한다!" 알리고 타락하는 게 아니다. 서서히 들어가기 때문에 자기도 속는 것이다. 자기만 아니라 모든 사람도 다 이 렇게 산다고 생각하는 것이다. 사실 타락이 도깨비 탈을 쓰고 삼지창 들 고 "야! 나 따라오면 행복준다" 그러면 따라가겠는가? 그러나 친구를 가장해서 "야! 끝내주는 재미가 있어. 같이 가자" 하면 안 가겠는가? 그 래서 함정에 빠지는 것이다. 그러다가 나중에 막다른 골목에 이른다. 그리고 아주 밑바닥에 이르는 것이다. 그리고는 마침내 너무 먼 길로 왔다는 걸 알게 되고 충격적 사건이 그 생애에 나타나게 된다. 하나님의 자녀들이 하나님을 떠나게 되면 반드시 이런 문제가 발생한다. 그래서 하나님을 떠나 어둠을 좇고 있을 때, 평안하다 할 그때에 이미 하나님께서는 영적 잠을 깨우는 징계의 채찍을 준비하고 계신다는 사실을 기억해야 한다. 다윗처럼 정말 둥지를 흩어버리는 아픈 시련을 겪게 하신다. 이 때문에 다윗은 일생의 최대의 위기를 맞게 된다.

2. 하나님 안에서 다시 용기를 얻었다

"백성이 각기 자녀들을 위하여 마음이 슬퍼서 다윗을 돌로 치자하니 다윗이 크게 군급하였으나 그 하나님 여호와를 힘입고 용기를 얻었더라"(삼상 30:6)

사무엘상 30장 6절에서 보면 "크게 군급하였다"는 표현이 나온다. 지금 다윗과 함께 한 600명은 줄곧 다윗과 더불어 운명을 같이 해 온 그의 심복 부하들이다. 그런데 시글락 성에 이르러 자기 가족들이 사로잡혀간 사실을 알자 다윗을 돌로 쳐 죽이려고 했다. 그러니 다윗의 처지가 얼마나 급했겠는가? 다른 사람들도 아닌 이날까지 운명을 같이하여 여러 번 사선을 넘어 온 심복 부하들이 그를 돌로 치려하니 다윗이 얼마나 큰 충격을 받았겠는가? 아마 아찔했을 것이다. 그러기에 성경도 이 사실을 말하면서 다윗이 크게 군급하였다고 한 것이다. '군급하다'는 말을 쉽게 설명하면 '고무줄을 끊어지도록 당기다가 "탁!" 소리 나기 직전까지의 상황'을 의미한다. 즉 조금만 더 당기면 탁 끊어지는 상태까지 늘어트리는 것을 군급하다고 하는 것이다. 이것을 다른 말로 표현하면 "아 이제 죽는구나! 끝났다!"라고 생각하는 단계라고 말할 수 있다.

그래서 시편 55편 6절부터 8절까지에 보면 다윗의 심정이 나온다.

> "나의 말이 내가 비둘기 같이 날개가 있으면 날아가서 편히 쉬리
> 로다 내가 멀리 날아가서 광야에 거하리로다(셀라) 내가 피난처
> 에 속히 가서 폭풍과 광풍을 피하리라 하였도다"(시 55:6-8)

다윗은 비둘기처럼 날개가 있다면 멀리 날아서 현세에서부터 벗어나고 싶다고 하였고, 폭풍과 광풍을 피할 수 있는 고요한 곳으로 가서 쉬고 싶다고 말한다. 이러한 다윗의 고백은 그만큼 그가 지금 힘든 삶을 살고 있다는 것이다.

그런데 이렇게 괴롭고 힘들 때 다윗의 운명을 극적으로 반전시키는 사건이 일어났다. 그 힘의 원천은 무엇일까? "여호와를 힘입고 용기를 얻었더라"는 말씀에서 우리는 그 원천을 알 수 있다. 우리가 정말 어려울 때 힘이 되는 것이 무엇인가? 물질도 세상 권세도, 지식도 아니다. 다

죽게 생겼는데 그런 것들이 무슨 도움이 되겠는가? 오직 우리의 모든 것을 아시는 전능하신 하나님만이 힘이 된다.

"나의 힘이 되신 여호와여 내가 주를 사랑하나이다"(시 18:1)

그러므로 우리에게 불행이 행복이 되는 사건은 어떤 문제가 생겼을 때 사건을 대하는 신앙적 태도라고 말할 수 있다. 절망이 소망으로 바뀌는 사건은 내면의 신앙적인 태도의 변화를 통해 일어난다.

대부분의 사람들의 잘못된 생각은, 어려움을 당하면 원인을 외부에서 찾으려고 하는 태도이다. 부도가 났거나 가정문제가 있거나 자녀문제가 있을 때 그 문제의 진정한 원인은 영적인 문제, 신앙적인 문제에서 비롯된다는 사실을 알아야 한다.

지금 다윗에게 이 신앙적인 사건이 일어난 것이다. 그동안 하나님을 떠나 살아온 것을 깨달으면서 하나님을 다시 회상하고 찾은 심령의 작은 변화가 절망을 소망으로 바꾼 것이다.

두만강 발원지를 가보면 우리나라 시골의 시냇물보다 더 작다. 너무 작아서 이게 정말 두만강 발원지인가 싶다. 그러나 작지만 계속해서 퐁 퐁 솟아 난 물이 나중에 두만강이라는 큰 강을 형성한다. 작은 심령의 변화가 이처럼 큰 역사를 가져오는 것이다.

다윗의 신앙적 사건의 핵심은 6절에 "다윗이 크게 군급하였으나 하나님 여호와를 힙입고 용기를 얻었다"라는 표현에 잘 나타나 있다. 이 '군급했고 용기를 얻었다'는 짧은 말 속에는 서로 상반된 내용이지만 일관된 흐름을 설명하고 있다. 우리가 고난과 역경을 당하면 인간의 이성이 마비된다. 아무 것도 생각이 나지 않는다. 판단력이 흐려진다. 정상적인 판단을 할 수 없게 만든다. 그런데 참 놀라운 것은 믿는 사람들이 고난을 당해 이성도 멈추고 인간의 경험도 더 이상 작동하지 않는 그 고난의 자리에 있을 때, 비로소 내면의 신앙의 소리가 들린다는 것이다. 이것이 하나님의 은혜이다. "지금까지 내가 어떻게 살았으며 나를 이 자리까지 인도하신 이가 누구냐"라고 생각하다 보면 하나님이라는 소망에 도달한다. 모든 것이 끝나버리는 절망의 소리가 아닌 새로운 길을 주시는 그 하나님의 은혜의 소리를 듣게 된다.

'군급'과 '용기'란 단어 사이에는 다윗의 많은 심리적 변화가 이미 개입되어 있다. 과거에 대한 회상도 있는 것이고, 자기 잘못에 대한 한탄도 있는 것이고, 하나님의 부르심도 생각하고 있는 것이다. 다윗은 많은 생각을 했다. 그리고 언약의 하나님께서 결코 자기를 버리지 않을 것이라는 결론에 이르게 되자 용기를 얻게 된 것이다.

학자들 말에 따르면 사람이 운명하는 순간에, 죽음을 생각하면 일단 말문이 닫힌다고 한다. 그리고 자기 일생에 대한 회고가 1초 안에 지나간다고 한다. 생각의 속도가 엄청 빠르게 지나간다는 것이다. 높은 곳에 떨어져 자살하다가 구사일생으로 살아나는 사람들이 하는 말이 그 떨어지는 시간이 고작해야 1초에서 2초인데, 그 1초에서 2초 사이에 자기의 모든 일생이 보인다는 체험담을 들을 수 있다. 어린 시절의 모습, 삶에 대한 후회, 남겨진 가족들에 대한 걱정, 절대자를 만날 두려움 등이 한 순간에 머릿속에 지나가더라는 것이다. 그러므로 군급했던 다윗도 그런 절박한 상황 속에서 많은 것을 생각했을 것이다.

그래서 "용기를 얻었다"는 말이 정말 중요하다. 정말 자기 힘으로는 아무 것도 할 수 없는 그런 절망 속에 있을 때 하나님을 바라보는 순간 다시 큰 용기를 얻게 된 것이다.

그러므로 신자들도 절망적인 상황에 떨어졌을 때, 이제는 정말 회복할 길이 없다고 생각할 때는 환경을 바라보려 하지 말고, 하나님께로 마음을 돌이켜야 된다. 마음을 바꾸기만 하면 소망이 있고, 살 길이 열린다. 주님은 살아계시기 때문에, 내가 믿음만 회복하면 나에게 살 길을 열어 주시고, 소망을 주신다. 아무리 내 인생이 잿더미 위에 던져져도 주님이 나와 함께 계신다면 우리는 얼마든지 재기할 수 있다. 여섯 번 넘어져도 일곱 번 일어날 수 있다. 그러므로 사람들에게 배척받고 또 때로는 배신을 당해도 그것을 좌절과 슬픔으로 받아들이면 안 된다. 내가 왜 이렇게 사업이 어렵고, 가정에 문제가 많은가라는 생각이 들고, 기막힌 현실이 되어도 우리의 현실을 눈동자 같이 지키시는 하나님이 모르실 리가 없다는 사실을 믿어야 한다. 우리의 머리털도 다 세시고 참새 한 마리가 땅에 떨어지는 것도 다 아시는 하나님이 나의 형편을 모르겠느냐라는 생각을 해야 한다. 어떤 현실이든지 간에 그곳에도 하나님의 선한 교육적 목적이 있으며 축복된 계획이 있다는 것을 깨달아야 한다.

만약에 배척 받지 않고 다윗이 그 전투에 참여했더라면 그가 왕이 될 수 있었을까? 아마도 그 전투에 참여했더라면 다윗은 이스라엘의 왕이 될 수가 없었을 것이다. 그 당시 다윗은 이스라엘과 원수가 되어 있는 편에 서서 자기 백성을 치는 상황이었기에 절대로 백성들의 지지를 받지 못했을 것이다. 이 전투에서 사울이 죽었다. 다윗이 그 싸움의 전투에 참여하여 사울을 죽이는 일에 간접적으로 책임을 져야 했다면 다윗은 절대로 왕이 되지 못했을 것이다. 그러니까 어떻게 보면 전투에 참여하지 못한 것은 오히려 하나님의 도우심이었다. 이것이 섭리였다. 알고 보니 배척이 오히려 하나님의 큰 은혜였다. 이 전쟁을 통해 사울은 죽고 다윗이 유다의 왕으로 올랐다.

이처럼 우리는 어려움을 당했을 때 지금까지 살아온 날을 돌이켜 보게 된다. 되돌아 보면 지금까지 지내온 것이 주의 크신 은혜이다. 그러므로 우리는 어려움을 당할 때 주님을 생각하고 주 안에서 용기를 얻어야 한다. 그래서 고난 속에 은혜가 있는 것이다. 고난은 축복의 징검다리이다. 중요한 것은 "그 시련을 어떤 태도로 맞이할 것인가?" 라는 것이다. 앞의 다윗의 예를 통해서도 알 수 있는 것처럼 고난이 올 때 오히려 감사하고 일어나야한다. 좌절하면 안 된다.

내가 청년시절 신학교 막 들어가서 공부하고 있을 때 출석하던 교회의 담임목사님이 대심방을 오셨다. 대심방을 마치고 내 손을 잡으면서 하신 말씀이 "한아! 너희 집은 하늘에서 금덩어리가 떨어져도 안 된다" 라는 것이었다. 대심방 와서 축복기도 하러 오신 목사님이 내 손을 꼭 붙잡고서 "너희 집은 금덩어리가 떨어져도 안 된다" 라는 말씀이 얼마나 절망적인 소리인가? 그렇다고 그 목사님이 나를 저주해서 말씀하신 것이 아니다. 아버님은 알콜 중독이고, 어머님은 나이가 많으셨고, 장남인 나는 신학을 공부하고 있었고, 내 밑에는 어린 동생들이 줄줄이 있었다. 즉 아무런 생활 능력이 없는 가정이었다. 그러니까 그 목사님이 봐도 기가 막힐 수 밖에 없었다. 그 목사님께서 말씀하신 것은 옳은 말씀이었다. 그러나 아무리 바른 말이며 진실된 말이라도 그럴 때는 진실해서는 안 된다. 뭔가 소망의 말을 해 주었으면 좋을 뻔하였다. "야! 임마! 일어나"라고 말했어야 했다. 목사님은 있는대로 정직하게 말씀하셨지만 나에게는 그 정직이 원수 같은 소리였다. 아주 기분 나쁜 정직이었다.

목사님이 가신 다음 기독교방송을 틀었다. 여의도순복음교회 조용기 목사님의 설교가 들려 왔다. "여러분! 인간은 무너져도 하나님은 무너지지 않습니다. 할 수 있습니다. 해 봅시다. 하면 됩니다. 주안에서 능치 못하심이 없습니다"라고 말씀하시면서 좌절하며 절망했다가 회복된 성도들의 간증을 하셨다. 그리고 "이 설교를 듣는 여러분들 가운데 이와 같이 절망적 상황가운데 있습니까? 다시 한 번 일어나시기 바랍니다"라는 말씀을 우연히 들었다. 그때 나는 그 말씀을 듣고 두 주먹을 불끈 쥐었다. 그리고 그 이후로 "하나님께서 나를 주의 종으로 불러주셨으니까 열심히 목회를 준비해야겠다"고 결심했다. 그때부터 조용기 목사께서 설교를 하면 녹음을 하기 시작했다. 그리고 모든 설교를 다 적었다. 워낙 말이 빠르신 조목사님의 30분 설교는 노트로 25페이지 정도 되었다. 나는 그것을 모두 적어 가지고 외웠다. 나중에 우리 옆집에서 조용기 목사님과 너무 비슷한 설교가 들려오니까 내가 조용기 목사님 테이프를 사서 틀어 놓은 줄 알았다고 한다. 그래서 청년 때 '최용기'라는 별명도 얻게 되었다. 그 당시에는 특별히 다른 책을 살 돈은 없었지만 조용기 목사님 설교 테이프는 샀다. 그리고 조용기 목사님 책은 거의 다 구입했다. 그 당시 조용기 목사님에 대하여 "내용이 있네, 없네"라는 여론이 있었지만 나는 적극적인 소망을 불러일으키는 그 말씀에 반해서 매일 들었다. 몇 년 동안 설교를 듣고 녹음하고 기록하고 적은 설교를 내 것으로 받아들여서 외우고 또 외웠다. 그러다 보니 나는 35살 때 전국을 다니는 부흥사가 되었다.

그래서 세 치 혀가 무서운 것이다. 이혼하는 가정, 위기 가운데 있는 가정을 통계 조사해보니까 흔히 성격차이라고 하는 기존 의견들과는 달리 말에 원인이 있다는 결론이 나왔다. 말을 은혜롭게 하는 부부는 문제가 없으며, 성격차이가 크게 나더라도 오랫동안 행복하게 잘 산다. 즉 서로를 존중하는 말을 하며 대화가 원활한 부부는 가정에 위기가 없다고 한다. 그런데 아무리 선남선녀라도 말이 없거나 혹은 공격적이면 결국 그 가정이 위기로 치닫게 된다는 것이다. 그래서 말이 중요하다는 것이다. 누에는 제 입의 실로 집을 짓고 그 안에 산다. 사람 역시 말로 집을 세우기도 하고 말로 집을 무너뜨리기도 하는 것이다. 중요한 것은 어려울 때 위기가 올 때, 나 자신에게 뭐라고 말할 것인가가 중요하다. '난 안 되는 놈이야. 난 원래 이런 놈이야, 난 아무런 소망도 없다' 라고 생각해서는 안 된다.

목회하면서 교인들을 만나 설득할 때 "집사님, 회복할 수 있습니다. 기도합시다"라고 말하면 "아멘"이라고 대답하면 좋겠는데 끝까지 "나는 안 되는 놈입니다. 기대하지 마세요"라고 말하는 사람들을 보면 안타깝다. 본인도 안 된다고 믿는데 누가 그를 돕겠는가? 하나님도 그런 사람을 더 도울 수는 없다.

다윗의 시편의 서두를 보면 거의 죽을 지경이었다. 사방이 꽉 막혔다. 살 길이 없다. 그러나 마지막에는 거의 모든 부분이 소망의 말씀으로 바뀌는 것을 볼 수 있다.

"여호와를 의지하는 자는 복이 있다. 여호와께서 나를 지키셨다. 여호와가 보호하신다. 원수는 다 죽었다. 물러갔다."

3. 기도는 순종으로 하는 것이다

이제 다윗이 하나님께 돌아와 용기를 얻어 하나님께 도움을 구하는 기도를 하는 장면이 나온다. 사무엘상 30장 8절에 "다윗이 여호와께 묻자와 가로되"라는 표현대로 여호와께 묻는다. "내가 그들을 쫓아가야 됩니까?"라고 묻는다. 이때부터 다윗은 기도의 사람으로 변한다. 침략해 온 사람들이 누군지도 모르고 어디로 갔는지도 모르는 상태인데도 "추적하리이까?" 라고 묻는다. 이는 하나님께서 쫓아가시라고 한다면 어떤 길인지는 모르지만 분명히 하나님께서 인도하실 거라는 믿음이 있었던 것이다. 그래서 방향도 모른 채 출발하였다.

여기에 기도의 원리가 분명하게 나타난다. 하나님께서 우리에게 추적하라고 말씀하시면 방향도, 길도 알지 못하지만 나설 수 있는 준비가 되어 있어야 한다. 왜냐하면 하나님께서 이미 다 준비해 놓으셨기 때문이다. 그래서 '여호와이레' 라 하는 것이다.

다윗이 하나님 말씀에 순종하여 추적할 때 재미있는 일이 벌어진다. 가다가 뜻밖에 애굽 소년 하나가 길에 쓰러져 있는 것을 발견한다. 다윗 일행은 갈 길이 바빴다. 한시라도 빨리 쫓아가야 하는 입장이었다. 대부분 사람들은 목표만 바라보고 작은 일들은 무시해 버리는 경향이 있다. 그래서 보통 사람들이라면 어차피 죽어가는 소년이기에 그냥 죽도록 내버려둘 수도 있다. 그 소년은 주인도 버린 입장이었다. 그런데 그런 소년을 다윗이 살려 준다. 그는 바쁜 길에 이 소년 하나를 부둥켜안고는 물과 건포도를 먹이고 살려준다. 다윗의 군대가 이 소년 하나 때문에 걸음을 멈추고 시간을 보낸 것이다. 그러나 이것을 통해 해결의 실마리가 나타난다. 이 애굽 소년에게 해결의 비밀이 숨겨져 있었던 것이다. 다윗은 낯선 친절을 베풀었는데 하나님의 응답이 여기에 숨어있었다.

결국은 이 아이가 아말렉 진지가 있는 곳으로 안내했고 다윗 군대는 새벽에 군대를 기습하여 모두 진멸하였다. 그리고 가족과 잃어버린 모든 것들을 찾아왔다. 이 부분은 마치 반짝이는 보석과 같다.

삶 속에는 하나님께서 우리를 위해서 예비해 놓으신 은혜가 분명히 있다. 그 은혜는 결코 멀리 있지 않다. 그 은혜의 기회는 애굽의 소년처럼 버려져 있는 경우도 있다. 그런데 그것은 기도하는 자만 볼 수 있도록 감춰져 있는 것이다. 그러므로 하나님이 돕지 않는다고 불평하기 전에 기도해야 한다.

예레미야 33장 3절의 "너는 내게 부르짖으라 내가 네게 응답하겠고 네가 알지 못하는 크고 비밀한 일을 네게 보이리라"라는 말씀처럼 하나님께 기도하면 하나님의 도우심을 받을 수 있다.

이처럼 하나님의 은혜는 우연한 사건 가운데 발견된다. 병들어 죽어가는 소년 하나가 다윗의 운명을 바꾸는 하나님의 은혜였던 것이다. 다윗이 만약 이 소년을 하찮게 여기고 지나갔더라면 아말렉을 쫓아가지 못했을 것이다. 이 은혜를 어떻게 받았는가? 기도하고 말씀에 순종했기 때문에 받은 것이다. "내 걸음도 바쁜데 누굴 돌볼 수 있겠나"라고 하면서 지나갔더라면 그를 위한 하나님의 은혜를 놓쳤을 것이다.

그래서 하나님의 말씀대로 작은 일에 충성된 자가 되어야 한다. 우리의 삶 속에 작은 것을 무시해서는 안 된다. 목회도 작은 목회에서 충성

해야 하나님께서 큰 목회를 맡기신다.

이와 관련하여 직접 겪은 간증거리가 있다. 나의 목회 첫 출발은 지극히 작았지만 나는 충성을 다하였다. 경남 양산군 철마면 이곡리에서 교인 다섯 명으로 처음 목회를 시작했다. 그것도 할머니와 할아버지 5명이었다. 조금 있으면 천당갈 분들이 교인이었다. 소망이 없어 보였다. 그런데 나는 하나님께서 내게 맡겨주신 사명이기에 최선을 다해서 목회를 감당하였다. 그러던 중 어떤 분이 그 소문을 듣고 먼 곳에서 일부러 찾아와서 우리 교인이 되었다.

그 후 그 교회를 떠나와서 서울에 올라와 개척을 하려고 하는데 이분에게서 전화가 걸려 왔다.

"목사님 안녕하십니까?"

"누구신데요."

"저 경남 양산의 이곡제일교회 이원엽 집사입니다."

그러나 기억이 나지 않았다.

"저는 부산에서 매 주일 목사님 교회로 온 이 집사인데, 기억 안나세요?"

알 것도 같고 모를 것도 같다가 문득 기억이 떠올랐다.

"아, 그래요. 맞다 맞아. 집사님 안녕하셨습니까? 그래 바깥 집사님도 안녕하시고요.”

“목사님! 우리 남편 교회 안 나오잖아요. 모르십니까?”

“아 그렇지! 그렇지.”

나는 그때 돈 5백만 원으로 분당에서 개척준비를 하고 있었는데 돈이 없었다.

“근데 목사님, 자꾸 목사님 생각이 나서 전화를 드렸어요.”

그때 하나님께서 이분을 보내주셨구나라는 생각이 들었다.

“내가 개척을 하려고 하는데 돈이 한 푼도 없어요. 아마, 하나님께서 이 집사에게 도와주라는 사인인 것 같은데요.”

그러자 이 집사가 놀라면서 말을 하였다.

“그러게요. 남편이 나에게 1억을 주면서 알아서 하라고 하는데 이 돈을 어떻게 할까 생각하고 있는 중이었어요.”

그래서 그 돈으로 서현동 시범단지 한신상가 2억 5천만 원짜리 계약을 했다. 거기서 오늘의 남서울비전교회가 출발이 됐다. 내가 만약 교인이 5명이라고 우습게 보고 최선을 다하지 않았다면 하나님께서 그분을 보내주지 않으셨을지 모른다. 지극히 작은 자리에서 최선을 다할 때 하나님께서 축복해 주신다. 우리 주위에서 잘되고 복받는 사람을 보면 모두 이유가 있다. 무던하게 기도하는 사람은 때를 따라 은혜를 받는다.

다윗은 절대 위기의 순간에서도 하나님 안에서 용기를 얻고 하나님의 섭리와 약속을 생각하며 기도했다. 그리고 절대적으로 순종하는 자세로 기도하여 아말렉을 물리치고 잃었던 가족을 찾고 신앙을 회복하였다. 이렇게 믿음으로 산 다윗은 결국 이스라엘 2대 왕이 되고 이스라엘 역사 속에 유일하게 천하를 통일하는 강대국의 왕이 되었다.

그리고 이보다 더욱 중요한 것은 다윗은 그때부터 하나님께 묻는 사람으로 바뀌었다는 사실이다.

> "그 후에 다윗이 여호와께 물어 가로되 내가 유다 한 성으로 올라가리이까 여호와께서 가라사대 올라가라 다윗이 기로되 이디로 가리이까 가라사대 헤브론으로 갈찌니라"(삼하 2:1)

> "다윗이 여호와께 물어 가로되 네기 블레셋 사람에게로 올라가리이까 여호와께서 저희를 내 손에 붙이시겠나이까 여호와께서 다윗에게 말씀하시되 올라가라 내가 단정코 블레셋 사람을 네 손에 붙이리라 하신지라 다윗이 여호와께 묻자온대 가라사대 올라가지 말고 저희 뒤로 돌아서 뽕나무 수풀 맞은편에서 저희를 엄습하되"(삼하 5:19, 23)

사무엘하 2장 1절, 5장 19절, 23절에서 계속 "여호와께 묻자와"라는 말씀처럼 다윗은 물으며 기도하였다. 그런 다윗을 사무엘하 5장 10절에 "만군의 하나님 여호와께서 함께 계시니 다윗이 점점 강성하여 가니라" 라고 성경에 기록되어 있는 것처럼 하나님께서 축복해 주셨다.

다윗은 하나님이 주신 축복으로 강성함을 누렸다. 금만 해도 10만 3천 달란트를 가지고 있었는데, 지금의 가치로 환산하면 현재 전 세계 달러의 2분의 1에 해당하는 돈이었다. 게다가 그의 후손 가운데 예수 그리스도가 탄생했다. 이처럼 다윗은 영육간에 큰 복을 받은 사람이었다. 하나님의 마음에 합한 사람이었다. 다윗이 그런 칭찬을 들을 수 있었던 것은 무슨 일이든 하나님께 물었기 때문이었다.

8장

엘리야의 기도

"엘리야가 모든 백성을 향하여 이르되 내게로 가까이 오라 백성이 다 저에게 가까이 오매 저가 무너진 여호와의 단을 수축하되 야곱의 아들들의 지파의 수효를 따라 열 두 돌을 취하니 이 야곱은 여호와께서 옛적에 저에게 임하여 이르시기를 네 이름을 이스라엘이라 하리라 하신 자더라 저가 여호와의 이름을 의지하여 그 돌로 단을 쌓고 단으로 돌아가며 곡식 종자 두 세아를 용납할만한 도랑을 만들고 또 나무를 벌이고 송아지의 각을 떠서 나무 위에 놓고 이르되 통 넷에 물을 채워다가 번제물과 나무 위에 부으라 하고 또 이르되 다시 그리하라 하여 다시 그리하니 또 이르되 세번 그리하라 하여 세번 그리하니 물이 단으로 두루 흐르고 도랑에도 물이 가득하게 되었더라 저녁 소제 드릴 때에 이르러 선지자 엘리야가 나아가서 말하되 아브라함과 이삭과 이스라엘의 하나님 여호와여 주께서 이스라엘 중에서 하나님이 되심과 내가 주의 종이 됨과 내가 주의 말씀대로 이 모든 일을 행하는 것을 오늘날 알게 하옵소서 여호와여 내게 응답하옵소서 내게 응답하옵소서 이 백성으로 주 여호와는 하나님이신 것과 주는 저희의 마음으로 돌이키게 하시는 것을 알게 하옵소서 하매 이에 여호와의 불이 내려서 번제물과 나무와 돌과 흙을 태우고 또 도랑의 물을 핥은지라 모든 백성이 보고 엎드려 말하되 여호와 그는 하나님이시로다 여호와 그는 하나님이시로다 하니 엘리야가 저희에게 이르되 바알의 선지자를 잡되 하나도 도망하지 못하게 하라 하매 곧 잡은지라 엘리야가 저희를 기손 시내로 내려다가 거기서 죽이니라"(왕상 18:30-40)

1. 위기의 상황에 엘리야가 등장했다

일본 남자와 살던 집사가 한 분 있었는데 그 집사는 집사 직분을 받고도 집안에 제단을 만들어 부처를 앉혀놓고 매일 같이 정성을 바쳤다. 그래서 깜짝 놀라 "아니 집사님이 집안에 불상을 두고 섬기느냐?"고 했더니 "아니, 하나님도 믿고 부처도 믿으면 좋지 않느냐?"라고 말하였다. 기가 막혔다. 그런데 이 집사뿐 아니라 이런 신앙 자세를 갖고 있는 성도들이 많이 있다.

우상숭배는 멀리 있는 문제가 아니다. 반드시 절간을 드나들고 신상에 절하는 것만이 우상숭배가 아니라는 것을 알아야 한다. 우상숭배의 죄는 하나님을 떠나는 것에 국한된 것만이 아니라 하나님과 다른 것을 동시에 섬기는 것까지 포함된다.

오늘날의 현실은 돈으로 해결되지 않는 것은 더 이상 진리가 아니라고 생각한다. 사랑도, 우정도, 윤리도 다 경제논리에 지배를 받고 있다. 사람들은 매일 돈의 힘에 감탄하며 살고 있다. 재물이 사람들의 마음을 지배하고 있다. 우상숭배는 시대마다 다양한 양상으로 나타난다. 구약의 역사를 보면 유대인들만큼 하나님을 열심히 섬긴 민족도 없다. 한번이라도 하나님을 섬기지 않은 적이 없었다. 그러나 문제는 하나님과 바알을 함께 섬겼다는 데 있다. 이것이 이스라엘 백성들에게 있어서 가장 심각한 문제였다.

아합 왕 당시에도 이스라엘 백성들은 하나님과 바알을 섬기며 우상숭배를 하고 있었다. 바알은 가나안 땅의 풍요의 신으로 그 땅의 토착종교였다. 가나안 신화에는 바알신은 죽음의 신인 '못' 과 일 년에 한차례씩 싸움을 한다고 나와있다. 바알이 만약에 못에게 죽임을 당하고 나면 그 땅에 흉년이 온다고 보았다. 그 이유는 풍년의 신이 죽었기 때문이다. 풍년의 신을 다시 살리는 방법은 여신인 아세라가 죽은 바알과 함께 사랑을 하는 것이다. 그러면 바알이 살아나서 풍년이 온다고 믿었다. 그래서 바알신전에서는 이 바알과 아세라가 사랑을 하도록 자극하기 위해서 제사와 음란한 행위가 함께 난무했다. 제사 드린 후에 남자는 여사제에게, 여자는 미동에게 갔다. 바알 신전에는 인간의 성적인 만족을 채워주는 강력한 힘이 있었다. 이런 이유로 유대민족은 바알 신앙에서 좀처럼 빠져나오지 못했다. 그들이 바알신전에 간다는 것은 이미 성행위를 내포하고 있는 것이었다. 거기에는 여자가 있고, 남자가 있고, 술이 있고, 아주 질 좋은 고기를 싸게 팔았다. 바알신전은 단순히 종교적인 기능만 한 것이 아니다. 복합적인 기능, 즉 엔터테인먼트 기능이 있었다. 그리고 당시엔 여관문화라는 것이 없어서 길에서 지친 사람들이 여행길에 쉴 수 있는 유일한 공간이 바알 신전이었다. 그곳에 가면 한번에 모든 욕망을 충족시킬 수 있었다.

고고학자들이 파낸 토판에 보면 그런 것들을 미루어 짐작할 수 있는 글들이 많이 나왔다. 가나안땅에서 바알신앙의 뿌리를 뽑지 못했던 이유가 인간의 가장 근본적인 욕망을 충족시켜주는 기능이 있었기 때문이었다. 이런 모습은 오늘날 우리가 살고 있는 삶의 모습과 크게 다르지 않다. 그 본질적 요소가 오늘을 사는 우리에게도 남아 있다. 바알종교라고 하는 종교적인 색체는 이미 탈색됐지만 그 본질은 그대로 남아 있는 것이다.

이런 위기의 상황에서 엘리야가 나타났다. 엘리야는 나라의 운명을 양 어깨에 짊어지고 갈멜산에서 850명의 바알과 아세라 선지자들과 대결을 벌인다. 그러나 바알 제단에는 불이 내려오지 않았다. 엘리야가 쌓은 하나님의 제단에 하늘에서 불이 떨어져 나무와 제물, 돌과 흙을 태워버리면서 여호와가 참 신인 것을 선명하게 보여 주었다. 그러자 모든 백성들이 회개하고 하나님께 돌아왔다는 것이 열왕기상 18장의 내용이다. 그리고 엘리야가 간절히 기도하니 3년 6개월 동안 멈췄던 비가 쏟아졌다.

그러면 엘리야가 어떤 기도를 했는지 살펴보자.

2. "누구에게 기도하는가?" – 기도의 본질

오늘날 많은 교인은 우리가 추구하는 것을 가질 수 있는 많은 방법 중의 하나가 기도라고 보는 경향이 있다. 추구하는 것을 가질 수 있는 방법이 여러 가지가 있다고 생각하는 것이다. 자기 능력으로 할 수도 있고, 인간관계로도 할 수 있다. 그렇기 때문에 기도하면서도 하나님만 의지하지 않고 다른 길이 없을까 하고 좌우로 기웃거리는 것이다.

이스라엘 백성들의 자세를 잘 보여주는 구절이 열왕기상 18장 21절이다. 여기서 "엘리야가 모든 백성에게 가까이 나아가 이르되 너희가 어느때까지 두 사이에서 머뭇머뭇 하려느냐 여호와가 만일 하나님이면 그를 좇고 바알이 만일 하나님이면 그를 좇을찌니라 하니 백성이 한 말도 대답지 아니하는지라"는 말씀처럼 이스라엘 백성들이 '머뭇거린다' 는 말은 하나님과 바알 신앙을 동시에 가지고 살았다는 말이다. 그들은 바알이든지 하나님이든지 복만 받으면 된다는 생각을 갖고 있었다.

오늘의 우리에게도 이런 바알 신앙이 있다. 하나님도 섬기고 물질도 섬기려는 마음이 있다. 이스라엘 민족도 이와 같았다. 이스라엘 민족은 한번도 하나님을 떠난 적은 없었다. 하나님께 드리는 제사를 중단한 적도 없고 십일조를 드리는 일을 멈추는 일도 없었다. 그러나 이들의 문제는 하나님을 섬기는 행위를 중단했다는 것이 아니라 하나님과 함께 다른 신을 섬겼다는 데 있었다.

신자들이 처음에 교회 올 때 복 받고자 하는 마음으로 오는 것은 귀하다. 그러나 세례 받고 믿은 사람이 오로지 복 받는 것만을 염두에 두고 교회를 다닌다면 그건 큰 문제이다.

불교에는 '점안식' 이라는 것이 있다. 일본사람들은 불상을 사올 때 눈에 새까만 동자가 그려져 있지 않은 불상을 사온다. 원래 불상이 눈까지 다 그려져 있지 않다. 일본의 불교는 굉장히 소원 중심적인 종교이다. 이 불상을 집에 갖다 놓고 정성을 드린다. 아침, 점심, 저녁 정성을 드려서 소원을 빈다. 그러다가 우연히 소원이 응답되면 이 불상을 영험하게 여긴다. 그리고나서 이 불상을 안고 절에 가서 대덕 고승으로 하여금, 소위 말하면 점안식을 한다. 대덕 고승이 점안식을 하면서 눈에 눈동자를 그려 넣어주면 그것이 그 사람의 부처가 되는 것이다. 그런데 만약에 몇 년을 빌어도 소원이 응답 되지 않으면 그 불상은 쓰레기통으로 가는 신세가 된다. 복을 주지 않으면 부처가 될 자격이 없는 것이다. 이는 매우 기능적인 사고이다.

오늘날 대다수 종교인들은 기능적 사고에 젖어 있다. 참된 종교의 기준을 규정할 때, 참된 종교는 진리에 근거한 종교이어야 하는데 사람들은 그렇게 생각하지 않는다. 오히려 참된 종교의 기준은 자신의 소원이다. 내 소원이 응답되면 그 종교를 참된 종교라고 생각한다. 그런 마음의 자세를 갖게 되면 계속 머뭇거릴 수밖에 없다. 그리고 복이 있는 곳을 찾아 왔다 갔다 하게 된다.

그러나 우리가 신앙 생활을 하면서 경험해 보았지만 하나님이 늘 응답해 주시는 것은 아니다. 내가 원하는 대로 항상 다 해 주시는 것은 아니다.

추정컨대, 이스라엘 땅에 3년 6개월 동안 비가 안 왔을 때 얼마나 많은 사람들이 기도했겠는가? 비를 달라고 많이 기도했을 것이다. 그런데 기도 응답이 이루어지지 않았다. 이스라엘 백성이 바라는 대로 기도응답이 이루어지지 않은 이유는 그들이 하나님과 바알 사이에서 왔다 갔다 했기 때문이다. 그래서 우리가 기도해야 할 대상을 똑바로 아는 것이 중요하다. 기도는 인격적인 행위이다. 이 갈멜 산상에서 영적 싸움의 본질은 "누가 참된 기도의 대상이냐?" 라는 것이었다. 그날 보여 준 하늘에서 내려온 불 사건은 하나님만이 참된 신앙의 대상이라는 것을 가시적으로 보여준 것이다. 그래서 갈멜산의 싸움은 누가 참된 신이냐 하는 문제에 대한 답을 확인하는 사건이었다.

이스라엘 백성들이 하나님과 바알 사이에서 머뭇거린 이유는 그들이 하나님을 지역 신으로 이해했기 때문이다. 이것이 그 당시 사람들의 신 개념이었다. 지역마다 다 다른 신이 있다고 생각했다. 그것은 요나도 마찬가지이다. 땅 끝으로 가는 다시스행 배를 타고 가면 그곳에는 하나님이 계시지 않을 줄 알았다. 그러나 땅 끝으로 가는 배를 타도 하나님은 계셨다. 이와 같이 이스라엘 백성들은 40년간 광야 생활을 하면서 하나님을 광야의 제한된 지역의 신으로만 생각했다. 그러다 가나안 땅에 들어와서는 바알이 그곳을 지배한다고 본 것이었다. 그래서 이 땅에서 잘 되려면 가나안 땅에 있는 바알 신을 섬겨야 된다고 생각한 것이었다. 그러므로 엘리야는 그런 시대에 하나님만이 진정한 신이라는 것을 보여주는 것을 그의 과제로 삼았다.

여기서 우리가 살펴봐야 될 중요한 내용이 있다. 왜 비가 오지 않았느냐라는 근본적인 이유이다. 이것은 신명기적 관점에서 이해해야 제대로 해석할 수가 있다. 신명기는 모세가 죽음을 앞두고 마지막으로 남긴 말씀이다. 신명기 28장에 보면 하나님께서 우리를 애굽에서 어떻게 인도해내셨는가를 설명하면서 그들에게 하나님이 주신 말씀을 지킬 것을 다짐하게 하였다. 1절부터 14절까지는 이 말씀을 순종할 때 오는 축복에 대해서, 15절부터 68절까지는 불순종하게 될 때 임하는 저주에 대해서 기록하고 있다. 이것을 언약이라고 한다.

그 언약은 세 가지를 포함하고 있다. 그것은 도덕법인 십계명과, 하나님께 대해 어떻게 제사를 드리는가 하는 제사법, 시민으로 살아가는 시민법이다. 이렇게 3가지 요소로 구성되어 있고 그것에 포함된 613개의 명령을 지켜 행하라는 것이었다. 그 언약의 중요한 핵심은 너희가 이 언약 말씀을 순종하면 너희는 나의 백성이 되고 나는 너희의 하나님이 되는 은총을 주겠노라는 것이었다. 그래서 기독교의 가장 중요한 특징은 언약이다. 기독교는 언약적 종교이다. 언약이라고 하는 것은 부부가 결혼식 할 때처럼 서약하는 것과 똑같다. 언약이란 일생동안 남편으로 아내로서 정조를 지키겠다는 결혼서약이다. 그런데 이스라엘 민족은 하나님과 맺은 언약을 파괴하였다. 이스라엘 백성들은 언약을 지키는 것에 실패하였다. 그래서 엘리야는 이스라엘 백성들이 하나님께서 주신 언약에 불순종하므로 3년 6개월 동안 고통스런 가뭄이 왔다고 외쳤다. 문제의 원인이 이것이었다.

3. "하나님의 뜻을 구하라" – 기도의 내용

미국에 소재한 어떤 가정문제를 전문으로 하는 상담소에 들어가면 입구에 이런 문구가 적혀있다.

"Change your mind, first, then God will heal your life." (너의 마음을 먼저 바꿔라, 그러면 하나님께서 너의 인생을 고치신다.)

여기서 네 마음을 먼저 고치라고 권면하는 이유는 가정문제 상담소에 찾아오는 대부분의 사람들이 '나 때문' 이 아니라 '너 때문' 이라는 의식을 갖고 오기 때문이다. 대개 보면 남편은 아내를 원망하고 아내는 남편을 탓하며 배우자에 대한 불만을 가득안고 온다고 한다. 그런데 원인을 깊게 따져 보면 결국 부부의 문제는 이기적인 자기 자신의 문제이다. 먼저는 내가 변해야 되고 또 내가 회개해야 된다. 내 인생이 바뀌면 내 주위 사람도 바뀌고 세상도 바뀌는 것이다. 내 마음을 고치지 않고는 절대로 바뀔 수가 없다.

엘리야 시대의 이스라엘 백성들이 이런 경우였다. 이스라엘 땅에 닥친 재앙인 가뭄이 온 원인도 백성들 자체에 있었다. 그러나 그것을 깨달은 사람은 엘리야 한 사람뿐이었다. 그래서 엘리야는 이스라엘 백성들에게 너희들은 머뭇거리지 말고 이제라도 하나님께 돌아오라고 외친 것이고 기도하기 전에 제단을 수축했던 것이다. 이것은 굉장히 중요한 부분이다. 엘리야가 제단을 수축한 이유는 여호와께 드리는 제단이 다시 제단을 수축해야 할 만큼 무너졌기 때문이다. 이것은 이스라엘 백성들이 하나님을 떠난 삶을 의미한다. 제단이 없었고, 제물도 없었다. 그 무너진 제단은 이스라엘 백성들의 당시의 신앙 생활을 그대로 상징한다. 그것을 다시 수축한다는 것은 하나님의 뜻으로 돌아오는 회개의 상징이다.

기도란 것도 마찬가지다. 기도할 때 누구 때문이라고 하면 안 된다. 가만히 들어다 보면 개인의 불행한 사건들도 자기 자신이 문제이다.

어떤 똑똑한 수사가 있었는데, 이 수사의 하는 일은 새를 관리하는 일이었다. 어느 날 새가 새장을 나와 높은 절벽에 올라가서 절벽 위에 붙어있는 나무 가지에 앉았다. 그래서 이 수사가 좀 위태롭긴 하지만 그 새를 잡으려고 절벽 끝으로 가다가 그만 미끄러졌다. 미끄러지는 바람에 절벽 가지에 붙어있는 작은 나무뿌리를 잡고 절벽에 매달렸다고 한다. 매달려있다 보니까 주위에 아무도 도와주는 사람이 없었다. 필사적으로 매달려 있던 중에 이 수사가 기도를 하였다. 그때 이 수사에게 하나님의 음성이 들렸다. 하나님께서 "내가 여기 있다. 네게 믿음이 있느냐?"고 말씀하자 이 수사가 "네, 있습니다" 라고 대답하였다. 그러자 하나님께서 "그러면 그 나무뿌리를 놓아라" 라고 하자 이 수사가 자꾸 머뭇거렸다. 왜냐하면 놓으면 떨어져 죽는 줄 아니까 조금 생각하다가 수사가 절벽 꼭대기를 향해서 "거기 누구 다른 사람 없나요?" 라고 말하면서 하나님을 찾지 않고 사람을 찾았다. 이 스토리 끝에 보면 이렇게 되어 있다.

"사람이 하나님을 의지하는 것 같으나 진실한 믿음이 약하고 사람이 하나님 말씀에 순종하는 것 같으나 때로는 순종하는 척할 뿐이다."

엘리야 시대의 이스라엘 백성들의 상황이 바로 이와 같은 상황이다. 3년 6개월 동안 비가 오지 않았는데, 이 가뭄의 원인은 자연재해가 아니라 이스라엘 백성들의 하나님에 대한 불순종에 있었다. 그러나 아합왕은 이 가뭄의 원인이 엘리야에게 있다고 생각했다. 모두가 가뭄의 원인을 자기 자신에게서 찾지 않았다. 당시에 가뭄이 하나님의 심판이라고 깨닫고 회개했던 사람이 누가 있었는가? 전부 다 자연재해로 생각했다. 엘리야는 그 점을 지적하였다. 그것을 불순종의 결과라고 생각했으면 자기를 돌아봤을 텐데 모두가 자연재해라고 생각했다. 그 결과 하나님과 바알 사이에 머뭇거린 불신앙이 3년 반의 가뭄이라는 엄청난 재앙을 불러 왔다.

그러면 비가 오는 기도응답은 언제 왔는가? 갈멜산에서 우상의 제단이 철폐되고 바알 제사장들을 잡아 죽이고 하나님의 제단이 수축되었을 때, 즉 하나님의 은혜의 언약이 회복됐을 때 비로소 비가 왔던 것이다.

우리도 우리 개인이나 가정에 불행한 일이 생겼을 때 그 사건만 보지 말고 우리 자신을 먼저 돌아봐야 한다. 그래서 기도란 것은 자기를 먼저 성찰하는 깊은 영적인 이해로부터 출발하는 것이다. 사람들이 돈 문제는 돈으로 해결하고 가뭄 문제는 물로 해결한다고 생각하는데 그래서는 안 된다. 즉 돈 문제는 그냥 돈 문제일 뿐이라고 생각하면 기도하지 못하는 것이다. 이런 종류의 사람들은 돈 빌리러 다녀야지, 그 시간에 골방에 앉아서 기도하지 않는다. 만약 부부간에 문제가 있을 때, 성격 차이일 뿐이라고 생각하면 가정상담소로 가야지 기도하러 가겠는가?

기도란 것은 하나님께로 돌아가지 않으면 해결되지 않는다고 생각하는 영적인 이해가 먼저 선행되어야 한다는 점을 인식해야 한다. 그것이 바로 신앙의 바른 자세이다. 그래서 기도자는 내 문제가 가장 크다는 것을 알아야 한다.

기도 응답에는 하나님께서 요구하시는 분명한 요건이 있다. 즉 이 말은 우리가 기도할 때에 하나님께서 요구하는 하나님의 요청들이 있다는 것이다. 심령을 울리는 하나님의 음성이 있다. 우리에게 어떻게 하라고 말씀하시는 양심을 울리는 하나님의 요청이 있다. 그것이 들려야 한다. 그런 하나님의 요청을 못 듣고 마치 물건 구매하듯 청구서만 던져 놓았다면 그건 기도가 아니다. 정말 우리의 간절한 필요에 따라 기도한다면 반드시 내 양심을 울리는 하나님의 요청을 듣게 된다. 그리고 하나님의 요청에 순종하고자 하면 하나님의 은총의 역사가 분명히 보인다. 그래서 순종의 자세가 없으면 하나님의 음성을 들을 수가 없다.

기도 응답을 받은 엘리야의 비결은 하나님의 뜻을 알고 뜻대로 구하였다는 것이다. 그래서 하나님께서 "지면에 비를 내리지 아니하리라"(왕상 17:1)라고 말씀하시면 그 말씀대로 멈출 것이라고 전했고 하나님께서 "비를 지면에 내리리라"(왕상 18:1)라고 말씀하시면 그대로 비가 올 것이라고 전했던 것이다. 기도는 하나님 편에서 출발해서 하나님께로 돌아가는 것이다.

가끔 이런 경우가 있다. 나는 이 기도를 하려고 했는데, 전혀 다른 방향의 기도를 하게 되는 경우가 있다. 목사님을 위해서 기도한다든지, 교회를 위해서 기도하게 할 경우 본인의 문제가 답답한데 오히려 본인의 기도 제목은 제쳐놓고 성령께서 다른 것을 기도하도록 인도하는 경우가 있다.

그러므로 기도는 언제나 하나님의 뜻에 우리의 주파수를 맞추는 것이다. 그것이 바른 기도이다. 엘리야의 기도가 구할 때마다 응답이 된 것은 엘리야는 언제나 하나님의 뜻에 자신의 기도 주파수를 맞췄기 때문이다. 하나님의 뜻에 순종하고자 노력하면 기도 응답이 온다. 그 이유는 순종하려는 의지 속에 하나님의 뜻이 보이고 그 뜻을 깨달을 수 있기 때문이다.

"하나님 뜻이 무엇입니까? 보여주시면 순종하겠습니다"라고 말하곤 하지만 이것은 아주 비성경적인 사고이다. 보여줘도 하지 않을 사람이 먼저 보여달라고 하는 것은 우스운 자세일 뿐이다.

이따금 중매를 해보면, 급할 땐 소개만 해주면 금방 결혼할 것처럼 하다가 선을 보고 난 다음에 "어떠냐?"고 물으면 못생겨서 안 되고, 키가 작아서 안 된다고 하면서 조건이 많아진다. 키 크고 믿음 좋고 성실하고 성품 좋고 유머 있는 모든 조건을 다 갖춘 남자가 기다렸다는 듯이 나타나지는 않는다. 또한 자신이 정한 남자와 결혼할 마음을 갖고 있으면서 "이 남자하고 결혼해야 될까요? 말까요?"라고 묻는다면 하나님께서 "이 남자하고 결혼하지 말아라" 하고 응답하실까봐 무서워서 끝까지 기도 못한다. 가끔 결혼 주례해 달라고 오는 청년 남녀들을 보면 불신자를 데려오는 경우가 많다. "왜 하필 안 믿는 사람하고 하느냐?" 물으면 "그래서 저도 고민이에요"라고 말하는 경우가 많다. 그런데 오랫동안 고민하고 "예, 목사님 말씀 맞습니다. 불신자와 결혼하지 않겠습니다"라고 하는 사람은 하나도 없었다. 결국은 결혼하는 것을 많이 보았다. 하나님 뜻을 아는 것이 중요한 것이 아니라 자신의 뜻을 앞세워 밀고 나가는 것을 믿음이라고 착각한다. 순종할 의지도 없는데 하나님의 뜻이 나타나면 뭐하겠는가?

　마음이 어느 한 쪽으로 쏠린 상태에서는 하나님의 뜻을 적극적으로 구하지 못한다. 왜냐하면 순종할 수 없기 때문이다. 그래서 기도하다가 정말 하나님의 뜻이 나타날 때쯤 되면 일어나 버린다. 적극적으로 구해서 자기가 원치 않는 하나님의 뜻이 나타날까봐 오히려 걱정한다.

　그러므로 기도란 것은 언제나 하나님의 뜻에 순종할 의지가 먼저 선행되어야 된다. 그것도 전폭적인 순종을 해야 한다. 그러한 순종의 의지가 확고하게 있을 때 하나님의 뜻이 내게 이루어지는 것이다. 하나님의 뜻이 무엇이든지 간에 나는 나하고 싶은 대로 하겠다는 의지가 이미 있는데 그때 드리는 기도가 참된 기도일 수 있겠는가? 그것은 기도의 정신에 어긋난 것이다. 그러므로 무엇보다 기도의 참된 자세는 순종할 마음을 먼저 갖는 것이다.

　예수님의 제자들이 "하나님의 뜻을 우리가 행하고자 하나이다 하나님의 뜻이 무엇입니까?" 라고 물을 때 예수님의 대답은 굉장히 심오하다. 네가 순종하고자 하는 의지가 있다면 그 다음에 하나님의 뜻은 자연히 알게 된다.

　그러므로 이스라엘 민족의 문제는 순종할 의지가 있느냐의 문제이지 기도 했느냐, 안 했느냐의 문제가 아니다. 제 마음대로 살고 있으면서 무릎 꿇고 폼만 잡는다고 그게 기도인가?

한국교회는 기도원이나 철야기도 분위기가 만연한 만큼 기도에 대한 열의도 높다. 한국만큼 기도 많이 하는 사람들이 없다고 단언하고 싶다. 그러나 기도가 뜨거운데 왜 기독교가 점점 쇠퇴해가는가? 그것은 결국에는 기도의 양 문제가 아니라 기도의 질이 문제라는 것이다. 기도의 질의 문제는 곧 삶의 문제이다. 순종하는 삶이 없는 기도는 모래 위에 지은 집과 같아 쉽게 무너진다.

삶에 순종이 없는 상태로 기도 자체만을 중요하게 생각하는 것이 샤머니즘이다. 샤머니즘의 특징은 자기 삶이 문제가 되지 않는다. 무당에게 윤리가 있는가? 윤리가 없다. 거룩한 삶을 추구하지 않는다. 그래서 샤머니즘과 기독교를 나누는 실제적인 차이는 거룩한 삶이 있느냐 없느냐에 있다.

우리가 하나님의 뜻을 알게 되면 기도할 때, 하나님의 뜻에 대한 굳은 확신을 바탕으로 기도할 수가 있다. 개인의 사사로운 욕심으로는 오래 기도하지 못한다. 오랫동안 하나의 제목으로 기도하게 되는 것은 크게 잘못되지 않는 경우 하나님의 뜻이라고 보면 된다. 사람이 하나님의 뜻이 아니고는 오랫동안 기도하지 못한다. 하나님의 뜻이 아닌 기도는 흐지부지하게 된다. 그것은 하나님의 뜻 안에서 기도할 때 깨달을 수 있다. 욕심으로 구하는 기도는 진실하게 오래 기도할 수 없다. 하나님의 뜻을 구한 기도가 힘이 있고 지속적이다. 그러므로 포기하지 않고 기도하는 것이 기도의 바른 자세이다.

4. "확신을 갖고 간절히 기도하라" – 기도의 자세

"아합이 먹고 마시러 올라가니라 엘리야가 갈멜산 꼭대기로 올라
가서 땅에 꿇어엎드려 그 얼굴을 무릎 사이에 넣고" (왕상 18:42)

열왕기상 18장 42절에 보면 엘리야가 두 무릎 사이에 머리를 넣고 기도했다는 말이 나온다. 얼굴을 무릎 사이로 집어넣는 일은 전심을 다한 간절한 기도의 표현이다. 자기 무릎에 얼굴을 넣고 기도하는 그 모습은 하나님 앞에서 하나님에게만 초점을 맞추고 집중하는 자세이다.

잔 파이퍼(John Piper)는 "하나님께서 비를 주신다고 말했으니 그렇게 간절하게 기도할 필요가 뭐 있느냐고 말하는 사람은 기도가 우리 마음에서 어떻게 역사하는 지를 모르는 사람이다" 라고 했다.

하나님의 약속이 크면 클수록, 확실할수록 그 약속을 듣는 사람은 흥분하게 된다. 마치 여행가는 날 버스가 올 걸 확실히 알면서도 뒤꿈치를 들고 기다리는 마음과 같은 것이다.

하나님께서 약속을 반드시 지키신다는 확신을 가진 사람은 그 응답이 얼마나 귀하다는 것을 알기에 그냥 기도하지 않는다. 발뒤꿈치를 들고 열렬히 뜨겁게 기도한다. 그러나 여기서 한 가지 생각할 것은 기도응답이 즉각적으로 오지 않았다는 점이다.

사실 엘리야가 기도하지 않아도 비가 올 것 아니냐고 할 수 있지만 그는 7번을 반복하며 기도했다. 이것이 바로 하나님의 약속을 믿은 사람의 기도 자세이다. 노아도 비가 올 것이라는 하나님의 약속을 받고 120년간 수없는 조롱과 멸시를 당하면서도 끈기 있게 기도하며 방주를 만들었다. 그러니까 사람들이 볼 때는 기도하는데도 잘 안 되는 것처럼 보일 수 있다. 그래서 성도들 가운데 "기도하는데 저 사람 왜 안 되느냐?"라고 말하는 사람들이 많이 있다. 안 된다고 보이는 것은 자기의 상대적인 관점이다. 어떤 사람이 행복하다거나 불행하다고 말할 때 모든 사람들은 다 자신이 지닌 관점에서 그 사람을 본다. 식당에 가면 메뉴보다 돈부터 먼저 보는 사람을 보면 불쌍하다. 무엇이 맛있느냐가 아니고 무엇이 내 지갑 수준하고 맞느냐라는 입장에 있는 사람이 있다. 반면에 어떤 사람은 아예 돈 걱정 안 하고, 무엇이 맛있는가라는 생각만 하고 메뉴만 보는 사람도 있다. 우리가 어떤 사람을 볼 때 "저만하면 참 좋겠다" 싶은데 막상 본인은 우리가 느끼는 만큼 행복하지 않은 경우도 있다. 반대로 남들이 볼 때는 행복해 보이지 않는 사람이 있다. 점심은 국

수로 해결하면서 돈에 쪼들려 산다. 참 가난하게 사는 것처럼 보이지만 본인은 아쉬운 게 없다. 예수님 믿는 게 감사하고 자식 착하게 자라주어서 마음이 편안하고 행복하다.

그래서 행복이나 불행이란 것은 주관적인 것이다. 문제는 행복이나 불행이란 것은 절대적인 기준이 있다고 보는 것이다. 남들이 아니라고 해도 내가 느껴서 행복이면 그것이 행복이다. 반대로 남들이 행복하다고 해도 내가 불행하다고 느끼면 그건 불행한 것이다.

어떤 사람들은 BMW 타고 다니는 사람을 볼 때 부러워할 수도 있다. 그런데 정작 본인은 그런 자동차를 타고 다니는 것에 감격이 없고 무덤덤하다. 반면에 결혼한 신혼부부가 1년 동안 열심히 벌어 소형 승용차 한 대를 사서 탈 때 느끼는 행복감은 고급 승용차에서 느끼는 행복 못지않을 것이다. 그러면 어떤 사람을 행복하고 어떤 사람을 불행하다고 봐야 하는가? 행복이란 것은 세상 기준으로 점수를 매길 수 없는 것이다.

내가 아는 모 방송국 PD가 있다. 그 사람이 처음 예수 믿을 때 목사님이 설교 중에 "예수 믿으면 복 받는다"고 하니까 교인들이 "아멘!" 하였는데, 그 말에 강한 거부감을 가졌다고 한다. 그 PD는 일때문에 전국을 돌아다니게 되었는데 유독 믿는 사람들 중에 어려운 사람이 많은 것을 목격했다. 그래서 이 사람은 종교는 현실을 마비시키는 이데올로기쯤으로 생각하고 설교를 마치고 난 목사님에게 정면으로 맞섰다고 한다. "예수 믿으면 축복받는다는 말을 너무 일반화하는 것은 위험합니다" 라고 말하며 자신이 보기에는 그렇지 않다고 주장하였다. "다 그런 것은 아닌데 왜 모든 사람에게 그게 적용된다고 말하십니까? 믿어도 고생하는 사람 있지 않습니까? 믿어도 불행한 사람이 있지 않습니까?" 라고 따지자 그 목사는 "아닙니다. 믿으면 언제나 모든 사람이 행복합니다" 라고 말씀하셨다. 목사의 대답에 그 PD는 "저는 그 말에 동의할 수 없습니다. 믿는 사람도 고생할 수 있어요" 라고 말했다고 한다.

그 목사는 삶이 어렵다고 다 사람이 찡그리고 울며 살지 않는데, 당신이야 말로 인생을 잘못 사는 것 아니냐며 물었다. 그리고 그 목사는 이어서 다시 물었다.

"당신이 인생의 행복과 불행을 나누는 기준은 무엇입니까?"

그리고는 힘주어 말했다고 한다.

"내가 볼 때는 서민이 길거리에서 먹는 한 그릇의 음식이 호텔에서 먹는 몇 만원짜리 음식보다 어떤 이에게는 더 만족과 행복을 주기 때문에 행복이나 불행은 '무엇을 먹느냐', '얼마나 가졌느냐?' 로 정해지는 것은 아닙니다. 인생을 그렇게 사는 게 아닙니다. 인생에는 가격도 있고 가치도 있습니다. 손수건 한 장을 누군가 나에게 사주었는데, 그것이 정말 사랑하는 사람이 준 것이라면, 그 손수건의 가격이 비록 천 원 짜리라 하여도 상대를 사랑하는 마음에 그 손수건의 가치는 천 원 이상의 큰 가치가 있습니다. 행복은 가격에 있는 게 아니고, 가치의 크기에 있는 것이며 이에 따라 삶에 대한 만족도도 달라지는 것입니다. 신앙이란 바로 그런 내면의 가치, 당신이 알지 못하는 시장 가격 그 이상의 가치를 가르치는 것이고 보지 못하는 것을 보게 해 주는 것입니다. 알겠습니까? 당신이 부잣집 좋은 가문에서 태어나 명문대학을 나와 좋은 직장에 있고, 내가 어려운 환경에서 자라 목사라서 당신보다 더 좋은 환경을 누리지 못한다고 해서 내가 느끼는 행복이 당신보다 못한 줄 아십니까? 오히려 당신 이상으로 행복합니다."

지금 이분은 모 방송국의 상당한 고위직에 있는데, 그때부터 열심히 신앙생활을 하고 있다.

행복이란 이와 같이 우리의 내면에서부터 나온다. 엘리야처럼 속에서 들리는 주님의 음성을 듣고 기도하는 사람이 있다면 그 사람이 진정 행복한 사람이다. 엘리야는 하나님의 뜻을 알고서 그 뜻이 이루어지기를 간절히 기도했다. 그는 우리에게 기도자의 분명한 자세를 보여주고 있다.

기도응답은 우리가 하나님의 뜻을 알고 간절히 기도할 때 이루어진다.

엘리야의 기도는 분명한 영적 교훈이 있다. 그는 기도의 본질에 대해서 말해 준다. 누구에게 기도해야 되는가의 문제에 대해 오직 유일신 하

나님밖에 기도의 대상은 없다고 답하고 있으며, 기도의 내용은 하나님
의 뜻을 좇아 기도해야 한다는 것이다. 아울러 기도자의 자세는 약속을
받은 사람은 반드시 응답된다는 것을 믿고 엘리야와 같이 간절히 기도
해야 하는 것이다. 엘리야에게 응답하신 하나님께서 우리에게도 응답
해주실 것을 믿고 날마다 기도의 삶을 살아가야 한다.

9장

다니엘의 기도

"다니엘이 이 조서에 어인이 찍힌 것을 알고도 자기 집에 돌아가서는 그 방의 예루살렘으로 향하여 열린 창에서 전에 행하던대로 하루 세번씩 무릎을 꿇고 기도하며 그 하나님께 감사하였더라 그 무리들이 모여서 다니엘이 자기 하나님 앞에 기도하며 간구하는 것을 발견하고 이에 그들이 나아가서 왕의 금령에 대하여 왕께 아뢰되 왕이여 왕이 이미 금령에 어인을 찍어서 이제부터 삼십일 동안에 누구든지 왕 외에 어느 신에게나 사람에게 구하면 사자 굴에 던져 넣기로 하지 아니하였나이까 왕이 대답하여 가로되 이 일이 적실하니 메대와 바사의 변개치 아니하는 규례대로 된 것이니라 그들이 왕 앞에서 대답하여 가로되 왕이여 사로잡혀 온 유다 자손 중에 그 다니엘이 왕과 왕의 어인이 찍힌 금령을 돌아보지 아니하고 하루 세번씩 기도하나이다 왕이 이 말을 듣고 그로 인하여 심히 근심하여 다니엘을 구원하려고 마음을 쓰며 그를 건져내려고 힘을 다하여 해가 질 때까지 이르매 그 무리들이 또 모여 왕에게로 나아와서 왕께 말씀하되 왕이여 메대와 바사의 규례를 아시거니와 왕의 세우신 금령과 법도는 변개하지 못할 것이니이다"(단 6:10-15)

1. 올바른 기도의 대상을 찾아야 한다

오늘날의 기도에 잘못된 두 가지 견해가 있다

그리스도인들에게 있어 가장 중요한 일은 기도다. 그런데 기도할 때 두가지 어려움이 있다.

첫째는 오늘날 사람들에게는 인본주의자들이 갖고 있는 정서적인 한계가 있다는 것이다. 유럽의 어느 박물관에 중세관, 현대관이 있는데 가서 보면 중세 그림과 현대 그림 사이에 큰 차이점이 있다는 것을 발견할 수 있다. 그것은 세계관의 변화인데 중세 그림에는 영적인 존재가 있고 사람과 자연이 있다. 그런데 현대 그림에는 영적인 존재가 다 사라지고, 오로지 사람과 자연만 있다. 아무리 종교적인 그림이라도 보면 영적인 세계가 그 안에 없다. 이것이 21세기의 현대인들이 갖고 있는 세계관이다. 즉 수평적인 관계만 인정이 되고 사람 위에 수직적인 관계는 인정되지 않는다.

유럽에 가보면 중세 교회 건물의 지붕과 기둥 사이에서 만나는 지점에 부조가 있다. 그리고 그곳에 반신의 짐승이 튀어 나오는 조각이 붙어 있다. 개나 고양이 모양의 짐승이 앞발을 쳐들고 표호하는 이 석상들은 예배를 드릴 때 예배당 안에 있던 귀신들이 쫓겨나가는 것을 형상화한 것으로 교회마다 설치되어 있다. 예배를 드릴 때 주의 성령과 천사가 임함으로써 그곳에 있던 귀신들이 다 나가는 것을 형상화한 것이다. 이것이 중세시대를 살았던 사람들의 세계관이었다. 그런데 중세를 지나 현대로 들어오면서 그것이 다 무너졌다. 오로지 자연과 사람만 존재하게 되었다. 때문에 21세기 교회는 현대인들에게 기도를 가르칠 때 장애요소를 지닌다.

21세기 시대는 기도를 가르치는 것 자체가 대단히 어색하며 정서적으로 거부감마저 들게 만드는 것이 되었다. 그러나 중세 때에 기도를 가르치는 것은 자연스러운 것이었다. 세계관에 있어 근본적인 장애가 생겼다. 영적인 존재가 없으니까 기도의 대상을 상실했다. 그래서 "무엇 때문에 기도해야 하는가? 기도해서 무슨 소용이 있는가?"라는 인식이 팽배해졌다.

또 한편에서는 기도의 대상을 잘못 찾는 사람들이 있다. 샤머니즘을 좇는 사람들이나 이교도들이 그런 경우이다. 이들은 인생이 자기의 지식이나 힘만으로는 안 되고 눈에 보이지 않는 신이나 또 다른 힘이 작용한다는 것을 인정한다. 오늘날처럼 과학이 발달한 시대에 살면서도 점

집에 손님이 넘쳐나는 게 다 그런 이유 때문이다. 지금 우리나라만 해도 공식적으로 무당과 점쟁이 등이 50만 명이 넘는다고 한다. 목사보다 훨씬 많다. 배운 사람도 점 보고 똑똑한 사람도 점 보러 간다. 왜냐하면 인생을 살면서 절대자의 도움이 간절히 필요하다는 것은 알기 때문이다. 그러나 그들은 기도의 필요성을 인정하지만 기도의 대상, 도움을 호소할 대상을 잘못 정하고 헤매고 있다. 조금 전에 설명했던 인본주의자들이 기도의 필요성을 부정하는 사람들이라면 이들은 기도의 필요성을 인정하긴 하지만 기도의 대상을 잘못 잡은 것이다.

여인들이 사찰에 가서 정성을 드리면서 백일기도하는 것을 보고 동자승에게 물었다.

"저 사람들이 누구한테 기도합니까?"

동자승은 곧 수지에게 안내를 해주었다. 주지스님한테 가서 물어보니까 그는 심상치 않은 질문처럼 여기며 조용히 방안에 들어와 앉으라며 차까지 권하며 기가 막힌 대답을 하였다.

"저렇게 기도하고 돌아봐야 듣는 이가 없습니다."

"그럼 뭣 때문에 기도하게 합니까?"

"뭐 어리석은 중생이 정성드린다고 하는데 그것까지 막을 필요가 있겠습니까?"

막연하게 복 달라는 것인데 안타깝게도 듣는 대상이 없다는 것이다. 불교는 원래 무신론적인 종교이고, 신이 없다. 그것을 잘 알고 있기에 진짜 중은 소원 성취식의 기도를 하지 않는다.

그러므로 오늘날 기도를 어렵게 만드는 사람들은 두 부류가 있다. 오로지 자기 혼자 힘으로 살아간다는 인본주의자들이 있고, 또 한 그룹에서는 기도가 필요하다고 생각하지만 기도의 대상이 잘못된 사람들이 있다.

하나님께서는 지, 정, 의를 가지신 인격적인 하나님이시다. 인격적이라는 말은 대화와 교제가 가능하다는 말이다. 이것은 대단히 중요한 요소이다. 바로 하나님이 우리의 기도를 들으신다는 것이다. 이슬람교는 대화가 근본적으로 불가능하다. 오직 마호메트를 통해서만 알라의 뜻이 일방적으로 전달된다. 보통 사람들의 기도는 전혀 전달이 되지 않는다. 그러나 기독교는 들으시는 대상이 있다. 응답의 대상이 있다는 의미이다.

시편 34장 6절에 "이 곤고한 자가 부르짖으매 여호와께서 들으시고 그 모든 환난에서 구원하셨도다" 라고 했다.

모세가 시내산에서 하나님을 만났을 때도 대화를 했다. 전능하신 하나님이 모세에게 "나는 스스로 있는 자다" 라고 말씀하셨다. 하나님은 대화하는 존재로 나타나셨다. 놀라운 것은 그 하나님이 우리의 기도를 들으시고 친히 간섭하신다는 것이다. 출애굽기 2장 24절에 보면 하나님께서 이스라엘 백성들이 고통스러워하는 소리를 들으셨다는 말씀이 나온다. 이것은 기독교의 하나님이 어떤 하나님이신가를 상징적으로 보여주는 것이다. 믿는 자들이 기도하기 위해서 필요한 가장 중요한 전제는 우리의 기도를 들으시는 전능하신 하나님을 인정하는 것이다. 기도를 들으시는 하나님이라는 표현은 굉장히 복음적이다. 그러므로 기독교인이 된다는 그것은 하나님과 기도하는 관계 안에 들어간다고 해도 틀린 표현은 아니다. 이 믿음이 무너지면 기도생활 역시 무너진다.

2. 다니엘은 죽음을 불사하면서 기도하였다

다니엘서를 읽어 가노라면 다니엘은 왜 죽음을 불사하면서까지 기도를 계속 했는가라는 질문을 갖게 된다. 다니엘이 죽음을 불사하고 기도한 이유를 알고자 한다면 시대적 배경을 먼저 이해할 필요가 있다.

다니엘 당시 상황을 살펴보면 메대왕 다리오는 총리 3명을 세워 120명의 방백들을 관리하도록 하여 전국을 다스렸다. 총리 중에는 포로로 잡혀온 유대인 다니엘도 있었다. 다리오 왕은 뛰어나고 충성된 다니엘을 제일 신뢰하였다. 그 때문에 다른 총리와 방백들이 다니엘을 시기하고 질투하면서 다니엘의 허물과 그릇됨을 찾으려고 눈에 불을 켰으나 다니엘은 진실했기 때문에 하나도 찾을 수 없었다. 그러자 그들은 다니엘의 기도생활을 빌미로 악한 음모를 꾸미게 된다. 30일 동안 왕 이외에 어떤 신도 섬겨서는 안 되고 기도해서는 안 된다는 법령을 만든 것이다. 그러나 다니엘은 그러한 상황 속에서도 기도했다.

그러면 다니엘이 죽음을 불사하며 기도한 이유는 무엇일까?

① 하나님의 약속에 대한 신뢰

그것은 하나님의 약속에 대한 절대적인 신뢰 때문이었다. 구체적으로 말해서 다니엘이 죽음을 불사하면서까지 기도했던 이유는, 70년 만에 포로생활을 마치고 자기 민족이 본토로 돌아가게 되는 구원에 대한 약속 때문이었다.

> "곧 그 통치 원년에 나 다니엘이 서책으로 말미암아 여호와의 말씀이 선지자 예레미야에게 임하여 고하신 그 년수를 깨달았나니 곧 예루살렘의 황무함이 칠십년만에 마치리라 하신 것이니라"
> (단 9:2)

다니엘은 하나님의 그 약속을 믿고 기도한 것이다. 이것은 하나님의 뜻이고 이스라엘에 대한 약속이다. 기도는 말씀의 약속에 근거하는 것이다. 그래서 다니엘은 상황이나 조건에 지배받은 것이 아니라 약속에 의지해 하나님의 뜻 가운데서 기도했던 것이다.

현대에도 다니엘같은 기도를 한 사람이 있었다. 솔제니친은 감옥에서 하루에 두 시간씩 기도했다. 하루는 같이 있는 감방의 룸메이트가 기도하는 솔제니친에게 "당신이 기도해도 이 감옥에서 못나간다"고 말하자 솔제니친은 "내가 기도하는 것은 감옥에서 나가고자 함이 아니고 이 감옥에서라도 하나님의 뜻이 이루어지기 위해서 기도하고 있다"고 하였다.

다니엘의 기도생활의 초점은 바로 이와 같은 것이었다. 자신이 죽거나 사는 것에 대한 관심보다는 하나님의 뜻이 이루어지기를 원하는 기도를 하였던 것이다. 그 뜻은 민족의 구원에 대한 약속이었다.

그래서 사단은 더 극렬하게 다니엘의 기도생활을 공격했던 것이다. 사단은 다니엘의 정적을 이용해서 방해했다. 그러나 다니엘은 그런 상황에서도 계속 기도했다. 반대자들이 다니엘의 기도를 방해하려고 했던 이유에 대하여 살펴보면, 겉으로 드러난 것은 정치적 정적들과 다니엘의 싸움인 것처럼 보이지만 실제로는 하나님의 구원 사역을 방해하려는 마귀와 하나님의 싸움이었던 것이다.

여기서 우리가 알 수 있는 것은, 기도가 없으면 하나님의 뜻이 이루어지지 않는다는 것이다. 하나님께선 자기의 뜻을 이룰 때마다 언제나 기도를 통해서 이루신다. 그렇기 때문에 가정을 비롯하여 삶의 자리에서 하나님의 뜻이 이루어지려면 반드시 기도하는 일이 필요하다.

다니엘서에서는 마치 기도가 없으면 하나님께서 이루어지리라고 약속했던 일마저도 일어나지 아니할 것처럼 말하고 있다. 다니엘로 하여금 이렇게 역동적인 기도생활을 가능하게 했던 것은 믿음 때문이었다. 하나님께서 기도를 들으신다는 확신이 있었기 때문에 그 믿음 위에서 다니엘은 기도했다. 그러므로 기도의 회복은 살아계신 하나님께 대한 믿음의 회복이라고 볼 수 있다.

② 기도의 핵심은 믿음

사람이 죄를 범하게 되면 제일 먼저 나타나는 증거는 기도생활이 약해지는 것이다. 기도생활 자체는 자기 자신의 영적 지표이다. 하나님과 동행하고 있고 정말 성령의 지배를 받는 사람이면 언제나 기도생활이 역동적이다. 그런데 죄를 지으면 기도가 막힌다. 하나님 얼굴을 바로 보지도 못하고 기도의 힘을 잃어버리게 된다. 믿음이 떨어져도 기도가 힘을 잃게 된다. 기도의 핵심은 믿음이다. 기도행위보다는 그 기도를 떠받치고 있는 중요한 기초는 믿음이다. 따라서 기도를 하기 전에 자기 믿음을 먼저 점검해야한다.

다니엘의 기도를 이해할 때 이런 관점에서 이해하는 것이 중요하다. 다니엘은 세 번 정해 놓고 기도했는데 스스로 기도해야겠다고 하는 각오도 있었지만 그러나 기도는 억지로 하는 것이 아니다. 어쩌면 정말 스펄전이 말했던 것처럼 다니엘은 필요했다면 하루에 3번이 아니라 300번도 했을 것이다. 그만큼 그는 열렬히 기도했다. 그리고 믿음으로 기도했다. 그런 항구적인 기도의 기초는 하나님께서 내 기도를 들으신다는 생생한 믿음에 바탕을 두고 있다. 따라서 하나님이 듣는지 듣지 않는지도 모르는 사람은 다니엘처럼 기도할 수가 없다.

그러면 다니엘이 싸웠던 현장은 어디인가?

다니엘의 생애에서 가장 큰 위험에 닥쳤을 때는 사자 굴이 아니었다. 다니엘이 기도하던 다락의 작은 방에 위험이 있었던 것이다. 다시 말하면 진짜 영적인 전투의 장은 사자굴이 아니라 다니엘이 기도하는 작은방에 있었다. 그래서 영적인 관점에서 보면 진정한 싸움의 현장은 우리의 기도생활의 현장이라고 봐야한다. 우리의 기도생활이 얼마나 하나님 은혜 가운데서 활력 있게 전개되느냐가 승패를 좌우한다는 것은 성경에서 일관되게 가르치는 것이다. 그래서 기도는 어떤 생활보다 중요한 것이다. 가정의 회복, 교회와 국가의 부흥은 전적으로 기도에 달려 있다. 우리의 싸움 중에 무엇 보다 필요한 것은 기도이다. 기도가 살아 있고 건강하면 신앙생활도 건강하다. 아말렉과의 전쟁에서 모세가 산에서 손을 들고 기도하면 이스라엘 백성이 이기고 손을 내리면 졌다는 기록에서 보는 것처럼 다니엘도 마찬가지로 다니엘의 진짜 영적인 싸움은 작은 골방에서 일어났던 것이었다. 그러므로 사탄이 다니엘의 기도생활을 공격하고 기도생활을 막기 위해서 애를 썼던 것이다. 마귀가 우리를 시험할 때, 재산을 빼앗고 건강을 빼앗는 것이 아니라 우리를 통해 하나님의 뜻이 이루어지지 못하게 방해한다. 다니엘만 보더라도 이것은 진짜 무서운 일이다. 따라서 기도는 우리를 살리기도 하고 죽이기도 하며 하나님의 뜻이 이루어지느냐 아니냐에 대한 승패를 결정짓는 것이라 하겠다.

우리는 우리의 기도가 하나님께서 맡기신 소명에 대한 일의 결과를 좌우하고 결정짓는다는 것을 깨달아야 한다. 이러한 사실을 잘 알고 있는 사탄은 기도 생활을 멈추게 하는 데 공격의 초점을 맞춘다. 그래서 가장 치열한 영적인 전투 현장은 기도현장이라 할 수 있다. 찰스 스펄전은 "나는 10명에게 설교하는 법을 가르치지 아니하고 단 한 명에게 기도하는 법을 가르치겠다" 라고 말하였는데, 이 말은 10명에게 설교를 가르치기 보다는 단 한 명에게 기도 생활의 중요성을 깨우쳐서 기도하는 사람을 만들어 놓는 것이 설교하는 것 이상으로 중요하다는 뜻이다. 그 이유는 기도하는 1명이 교회를 일으키는 일에 귀하게 쓰임을 받기 때문이다.

③ 하나님의 신실하심을 믿는 기도

다니엘은 다른 그 무엇보다도 하나님의 신실하심을 믿고 기도했다. 보통 다니엘과 세 친구 사건을 설명할 때 역경가운데서도 믿음을 지켰던 다니엘과 세 친구의 신앙은 정말 훌륭하며 따라서 본받아야 된다고 가르치곤 한다. 물론 이 말도 맞는 말이다. 그러나 더 중요한 것은 그들의 신앙이 어떠했느냐가 아니라 하나님께서 그들을 위해서 무엇을 하셨으며 또 하나님이 얼마나 신실하신 분인가라는 것을 깨닫는 것이 더 중요하다.

그러므로 다니엘서에서 중요한 것은 역경 속에서 신앙을 버리지 않았던 다니엘과 세 친구들을 신실하신 하나님께서 건져주셨다는 내용이 선포되어 있다는 점이다. 이것은 성경에도 잘 나타나 있다. 다니엘이 사자굴에 들어간 그 다음날 다리오 왕은 아침 일찍 사자 굴에 찾아가서 단순히 "살았느냐?" 라고 묻지 않고 "네가 섬기는 여호와께서 너를 건져주셨느냐?" 라고 물었다. "네가 구원자라고 믿고 따랐고 섬겼던 그 하나님이 정말 그 약속대로 너를 건져주셨느냐?” 라고 하나님의 신실하심을 물었다. 즉 약속에 대한 하나님의 신실하심을 물은 것이다. 그러므로 다니엘의 기도는 그런 구원의 하나님, 즉 신실하신 하나님께 대한 약속을 기반으로 한 기도이다.

기도하면서 절대로 낙망하면 안 된다. 왜냐하면 하나님께서는 입에 궤사도 없고 그 말에 거짓이 없으심으로 그가 했던 약속은 반드시 지키시는 분이시기 때문이다. 그렇기 때문에 우리는 기도할 때 신실하신 하나님의 성품에 근거해서 기도해야 한다. 하나님께서 신실한 분이기 때문에 내가 그의 뜻에 따라 살고자 노력하고 몸부림치고 기도하면 반드시 하나님께서 우리를 버리지 않고 구원하신다는 사실을 인정하고 믿어야 하는 것이다. 막연하게 도와달라는 것이 아니고 하나님의 약속을 붙잡고 하나님의 신실하신 성품에 근거해서 기도해야 하는 것이다.

3. ‘그리 아니하실지라도’ 라는 신앙 자세가 필요하다

성경적인 기도는 자기의 어떤 개별적인 기도라고 할지라도 하나님의 신실한 성품, 계시의 약속의 말씀에 근거를 두고 하는 것이다. “그리 아니하실지라도”라는 신앙 자세가 필요하다. 사드락, 메삭, 아벳느고의 고백도 바로 하나님의 약속에 근거한다. 사실 “그리 아니하실지라도”라는 이 말 속에는 강한 역설이 있다. “반드시 하나님께서 우리들을 건져 주신다”는 그들의 신앙고백이라고 봐야 한다. 그들이 “그리 아니하실지라도”라고 말할 때는 “죽을 수도 있다” 혹은 “하나님이 신실하지 않을 수도 있다”라고 말한 것이 아니라 하나님은 틀림없이 우리들을 건져 주실 것이라고 하는 신앙의 역설적인 표현이다.

오늘날 교인들이 기도할 때 기도의 열심을 잃게 되는 이유 중 하나는 “기도해 봐도 안 되더라”는 생각 때문이다. 그것은 우리의 기도응답의 경험이 부족해서가 아니라 하나님의 성품에 대한 우리의 불신이고 약속의 말씀에 대한 불신이다. 그렇기 때문에 어떠한 환경에도 불구하고 불가능하게 보이는 상황에서도 하나님의 신실하심을 믿고 기도하는 것은 헛된 몸부림이 아니다. 하나님의 신실한 보증에 대한 당연한 수고이다. 그 신실하심을 믿으면 그 속에 하나님의 뜻이 있는 것이다. 하나님의 신실하신 성품 속에 뜻이 있기 때문에 우리는 그 뜻을 붙잡고 기도해야 한다. 하나님의 신실함에 대한 믿음이 없이 우리는 기도할 수 없다. 왜냐하면 보통 우리가 기도할 때 기도를 우리의 경험만으로 증명할 수는 없기 때문이다. 우리가 보통 “기도 응답받았다. 나는 기도 응답받지 못했다”라는 말을 하는데 기도는 그런 경험에 근거해서 판단할 수는 없는 것이다.

> "곧 내가 말하여 기도할 때에 이전 이상 중에 본 그 사람 가브리엘
> 이 빨리 날아서 저녁 제사를 드릴 때 즈음에 내게 이르더니 내게
> 가르치며 내게 말하여 가로되 다니엘아 내가 이제 네게 지혜와 총
> 명을 주려고 나왔나니 곧 네가 기도를 시작할 즈음에 명령이 내렸
> 으므로 이제 네게 고하러 왔느니라 너는 크게 은총을 입은 자라 그
> 런즉 너는 이 일을 생각하고 그 이상을 깨달을찌니라"(단 9:21-
> 23)

다니엘 9장 21절부터 23절에 보면 기도할 때 천사가 환상 중에 다니엘
에게 나타난다. 그때 다니엘은 금식하며 예루살렘을 회복케 해 달라는
기도를 하고 있었다. 다니엘의 기도가 끝나기도 전에 하나님께서는 천
사 가브리엘을 보내 응답의 메시지를 전한다. 그런데 천사가 전한 메시
지는 다니엘의 기도에 대한 응답인데 그 실현의 시기는 미래의 이야기
였다. 즉, 다니엘이 죽고 난 다음에 이루어질 이야기였다. 다니엘은 자
신이 기도했던 것의 성취를 보지 못하고 죽었다. 그가 환상 중에 봤던
모든 예언들은 역사 안에서 이루어졌다. 메대와 바사가 일어나고 그 다
음 헬라가 일어나고 그 다음 로마가 일어난다. 그런 경우에 기도응답이
없다고 봐야 되는가? 많은 사람들은 기도에 대한 응답을 너무 편협하게
생각한다. 내가 기도하고 내 당대에 기도 응답받으면 기도의 응답이 있

다고 말하고, 없으면 없다고 말한다.

기도는 내가 가진 경험이라고 하는 세계 안에서 제한된 관점으로 논할 수 있는 것이 아니다. 내가 경험을 못할 수도 있다. 하나님께 우리가 드리는 기도는 반드시 응답된다. 그러나 기도가 응답된다는 사실에 대한 확인이 내 생각대로 응답을 받았는가, 받지 않았는가로 판단하는 것은 기도 응답에 관한 잘못된 생각이다.

한나는 엘리 제사장의 응답을 받고 "다시는 수색이 없으니라"(삼상 1:18)고 하였다. 이 사건 역시 기도응답에 관한 경험적인 확인은 아니었다. 왜냐하면 한나가 기도하고 엘리 제사장의 응답을 받고 다시는 걱정하거나 슬퍼하지 않은 것은 즉각적인 행동이었지만, 기도 응답의 결과는 1년 후에 사무엘의 출생으로 나타났기 때문이다. 그래서 눈에 보이는 가시적인 증거를 기도효력의 증거로 삼으려고 하면 실족하게 된다. 앞서 말했듯이 기도의 본질은 믿음이며, 기도 후에는 믿어야 한다. 하나님의 신실하심을 받아들이고 하나님이 뜻대로 하실 것을 믿어야 기도 응답이 있는 것이다. 믿음에서부터 경험으로 가야지, 경험으로부터 믿음으로 가면 안 된다. 그러므로 너무 지나치게 기도를 경험주의로 접근하지 말아야 한다.

시편의 기자 말대로 사람의 인생이 70 아니면 80인데 그 짧은 기간을 가지고 하나님의 경륜을 재단하려고 하면 안 된다. 내 경험 안에 들어오면 응답이고 내 경험 안에 들어오지 않으면 응답이 없다고 생각하고 좌절해서는 안 된다.

오늘날의 사람들은 너무 눈에 보이는 경험적 세계관에 의존하며 살아간다. 사람들은 눈에 보이는 것만이 사실이고, 만져져야 진실이라고 생각한다. 경험주의적 사고방식에 우리도 물들어 살아가고 있다. 기도역시 그렇다. 언제나 그런 경험주의적 사고방식에서 온다.

내가 교회건축을 위해 부지를 구입할 때도 사람들이 다 반대했다. 위치는 좋은 데 용도가 건축할 수 없는 땅이었기에 그랬다. 그러나 내 마음에는 꼭 그 땅이 하나님이 주신 땅이라는 확신이 들었다. 그래서 간절히 기도했고 나는 하나님께서 이 땅을 교회건축부지로 주셨다는 응답을 받았다. 그린벨트 같은 땅이기 때문에 눈에 보이는 것만으로는 이 땅이 교회를 지을 수 있는 땅이라고는 생각할 수 없었다. 합리적인 생각을 가진 사람이라면 절대 교회 부지로 그 땅을 구입하지 않는 것이 당연하다. 장로님들을 잘 설득했지만 경험주의적 생각을 가진 몇몇 분들은 결국 하나님의 뜻을 받아들이지 못하고 교회를 떠나고 말았다. 그러나 하나님의 역사는 놀라워서, 땅을 구입하자 그린벨트로 묶였던 그 땅이 곧 주거지역으로 풀렸고 도로 문제도 해결이 되어서 우리는 아름답게 성전을 건축할 수 있게 되었다.

　나는 하나님께서 원하시는 뜻을 구할 때마다 다니엘과 세 친구들의 "그리 아니하실지라도"라는 고백처럼 반드시 예수 그리스도의 몸된 교회를 복된 길로 이끌어 주신다는 믿음을 가지고 전진하게 되었다.

4. 어려움에도 불구하고 계속하라

　불가능을 가능으로 볼 줄 아는 것이 믿음이고 그것을 성취시키는 것이 기도이다. 그래서 믿음의 기도가 중요한 것이다. 이런 믿음의 기도를 고백하지 않으면 잘 믿다가도 시련이 올 때, 신앙이 흔들리고 하나님은 어디 계시냐고 말하는 사람들을 종종 본다.

　다니엘은 어려움 때문에 기도한 것이 아니다. 오히려 기도하면서 어려움을 만났다. 우리도 날마다 기도하는 가운데 있어도 어려움을 만날 수 있다. 보통 이렇게 되면 사람들은 "잘 믿는데 왜 어려움 당하나?, 기도하는데 왜 어려움당하나?"라고 말한다. 사람은 누구나 인생을 살아가면서 어려움을 만난다. 어려움이란 것은 기도해도 있는 것이고 안 해도 있는 것이다. 인생의 근본적인 특징이 고난이라는 사실을 우리는 기억해야 한다.

욥기 5장 7절에 "인생은 고난을 위하여 났나니 불티가 위로 날음 같으니라"고 하였다. 그러므로 기도하는 사람이 왜 어려운 일이 있느냐고 묻는 것 자체가 자가당착이고, 자기 모순이다. 고생이 없는 사람이 없고, 고난으로부터 면제된 사람이 없다. 따라서 기도하는 중에 어려움을 맞이하는 것은 당연한 것이다.

대단히 역설적이긴 하지만 야고보서 1장 2절에 보면 "너희가 여러 가지 시험을 만나거든 온전히 기쁘게 여기라"고 하였다. 이 말씀대로 그리스도인들은 어려움이 있고 없는 것이 중요한 것은 아니다. 더 중요한 것은 내가 기도하고 있느냐, 아니냐의 문제이다. 어려움을 당하고 있느냐라는 경험적 사실보다는 기도하고 있느냐라는 본질적인 문제가 더 중요한 것이다. 그러므로 우리는 고난 중에서도 기도해야 된다. 그럴 때 하나님께서 우리 마음에 평안함을 주신다.

영적 싸움이 한창일 때 다니엘은 사자 굴에 들어갔다. 그러나 다니엘은 사자 굴에서도 굉장히 영적으로 편안한 상태였다. 정작 잠을 못잔 사람은 왕이었다. 왕은 밤새 괴로워하고 마음이 혼란스러웠다. 우리는 다니엘이 기도하기 전이나 기도하고 난 이후나 골방에 있을 때나 사자 굴에 있을 때나 영적인 편안함을 누리고 있는 것을 볼 수 있다. 우리는 다니엘의 이러한 모습을 통해 하나님과 교통하면서 기도하는 사람은 어떠한 경우에도 그 마음에 영적 평안을 잃지 않는다는 사실을 알 수 있다. 이런 이유로 베드로 역시 내일 처형되는데도 전날 밤 감옥 안에서 편하게 잠을 잘 수가 있었던 것이다.

> "아무 것도 염려하지 말고 오직 모든 일에 기도와 간구로, 너희 구할 것을 감사함으로 하나님께 아뢰라 그리하면 모든 지각에 뛰어난 하나님의 평강이 그리스도 예수 안에서 너희 마음과 생각을 지키시리라"(빌 4:6-7)

"하나님의 큰 평안이 마음과 생각을 지키신다"라고 말씀하였다. 그러므로 기도의 유익은 근심할 일이 많은 세상 가운데서도 기도하면 마음에 평안이 넘친다는 것이다. 그것이 기도 생활을 하는데 가장 큰 유익 중의 하나이다.

성경은 우리가 살고 죽는 것은 중요한 문제가 아닌 것처럼 말한다. 왜냐하면 우리가 반드시 구원받는 것은 정해졌기 때문이다. 그러나 구원의 날까지 우리 마음이 평안을 잃고 표류하게 되는 것이 신앙의 진정한 위험이라고 말한다. 구원의 날까지 우리 마음이 흔들리지 아니하고 확신을 가지고 주님을 따라가는 일이 중요하다고 말씀한다. 그렇게 되기 위해서는 기도가 필요하다. 기도를 통해서 우리 마음에 평안이 넘치게 되면 믿음을 지킬 수가 있는 것이다.

그러나 오늘날 많은 사람들은 다니엘처럼 하나님의 뜻을 구하는 기도를 하는 것이 아니라 내 뜻 위주로 기도한다. 이런 것을 '소원지향적 기도' 라고 한다. 독일의 기독교 사상가인 프레드릭 뵈흐너라는 사람이 처음으로 '소원중심적 사고' 라는 말을 사용하였는데, 그가 이 개념을 사용한 이유는 기독교인들이 자기가 가지고 있는 작은 소원들만 호소하는 것을 보았기 때문다. 자기가 가지고 있는 소원만 최선으로 생각하고 그것이 이루어지지 않으면 실망하고 좌절하기 때문이다. 그렇게 기도하니까 하나님의 더 크고 놀라운 뜻을 모르는 것이다. 겉보기에는 교인들이 열심히 기도하는 것 같은데 그것은 변형된 인본주의의 또 다른 모습이다. 기도가 하나님 중심이 되어야 하는데 인간 중심으로 전락하고 만 것이다. 예를 들어 병들면 곧 낫는 것만 기도하는데 사실은 그 병을 통해서 하나님께서 내게 무엇을 말씀하시는가를 깨닫도록 기도해야하는 것이다.

지금 내가 섬기는 교회의 모습은 내가 개척하기 전에 꿈에 나타난 교회와 비슷하다. 이미 간증한 것처럼 매일 밤마다 여리고 작전처럼 성복중앙교회당 주변을 돌았지만 내 소원과 하나님의 응답은 달랐다. 결국 나를 향한 하나님의 뜻을 받아들이는 기도의 과정을 거쳤다. 그래서 기존에 있는 교회에 가는 것보다 개척이라고 하는 험난한 길을 가는 것이 하나님 뜻이라고 받아들였다. 인간적인 내 소원을 포기했다.

오늘날의 교인들은 구하고 받는 기계적인 믿음을 가지고 기도하고 있는 것을 볼 수 있다. 우리가 A를 요구하면 A를 주고 B를 요구하면 B를 주시는 하나님으로 생각하고 있다. 우리가 원하는 것을 들어주시는 수동적인 하나님으로 생각한다. 하나님께서 우리에게 정말 주시려고 하는 것에 대해서는 관심이 없다.

하나님께서 우리에게 이루고자 하시는 것이 있다. 반드시 원하시는 것이 있다. 그런데 그것이 무엇이지에 대해서는 관심이 없고 함부로 하나님께 내가 원하는 것을 강요한다. 너무 지나치게 소원 지향적인 기도만을 하고 있는데 문제가 있는 것이다. 그런 기도의 문제점은 기도 응답 받으면 기도의 열심이 끊어진다. 왜냐하면 내가 구하던 것을 받았기 때문이다. 어떻게 보면 우리들 수준이 그 수준이다. 언제나 소원 지향적 기도를 한다. 물론 우리의 소원을 하나님께 아뢰는 것은 당연하다. 그러나 여기서의 문제는 기도가 너무 지나치게 소원 지향적으로 치우치면 기도생활에 그 영속성을 잃는다는 것이다. 기도생활의 기복이 심해진다. 절박하면 부르짖고 목적이 달성되면 다시 물러나 나앉게 되는 밀물과 썰물을 자꾸 반복하게 된다. 다니엘의 기도는 우리와 차원이 다른 것이다.

다니엘 기도의 내용은 하나님께서 자기 편이 되어 자기를 도와달라는 것이 아니다. 우리가 항상 기도할 때 하나님이 내 편이 되어 있는가라고 측정해 보는 것 보다 내가 하나님 편에서 하나님의 뜻을 얼마나 구하는지를 생각해야 한다. 많은 사람들은 하나님이 내 편인가를 생각한다. 중요한 것은 우리가 하나님 편에 서 있는지, 하나님 뜻에 맞게 살고 있는지가 중요한 것이다. 그런 면에서 우리는 우리의 기도생활을 점검해봐야만 한다.

링컨은 남북전쟁 당시 막사에서 종종 기도를 하였다. 어느 날 기도를 하고 나오는데 한 장군이 "각하! 하나님께서 우리 편이 되신다면 반드시 승리할 것입니다" 라고 하였다. 그때 링컨이 "하나님이 우리 편인가가 중요한 것이 아니라 우리가 하나님 편에서 이 전쟁을 하고 있는가를 생각해야 됩니다" 라고 말하였다고 한다.

다니엘의 기도는 이 백성이 하나님이 원하시는 백성으로 되어 가고 있는가가 제일 고민이었다. 다니엘이 어떤 내용으로 기도했느냐는 다니엘서 9장에 잘 나타나 있는데, 그 내용은 자기들이 하나님을 정말로 잘 따르고 있느냐는 것이다.

로이드 존스 목사님이 세상을 떠나고 난 다음에 사모님이 인터뷰를 하면서 기자가 "목사님을 생각하면 가장 인상에 남는 모습이 어떤 거냐?" 고 물었을 때 "로이드 존스 목사님이 살아계실 때 밤마다 침대에 엎

드려서 우는 모습을 봤어요. 주무시다가 새벽 1시 한밤중에 일어나서 소리 없이 울고 있는 거예요. 영국교회의 타락 때문에 괴로워하면서 하나님이 원하시는 영국교회가 되게 해달라고 기도하시는 거였어요. 그게 가장 인상에 남습니다” 라고 하였다.

기도의 참된 정신은 내 뜻을 관철시키려고 하는 게 아니고 우리가 진짜 하나님 앞에 서 있느냐라는 고민이 있어야 한다. 그런데 우리는 너무 지나치게 소원 지향적이고 목적 지향적이다. 되어지는 것에 관심이 많다. 그런 점에서 다니엘의 기도는 정말 우리에게 참된 기도가 무엇인가를 생각하게 한다.

다니엘은 하나님에 대한 절대 신앙의 자세로 예루살렘을 향해 창문을 열어놓고 기도를 했다. 죽음을 불사한 기도를 드렸다. 그것은 바벨론 포로로 잡혀간 이스라엘 백성들의 예루살렘 귀환에 대한 하나님의 약속이 이루어지기를 원했기 때문이다. 또한 하나님의 신실하심에 대한 신앙의 표현이었다. 하나님께서 함께 하심으로 다니엘은 사자 굴에서 구원을 받고 다니엘의 기도생활을 방해했던 반대자들은 사자의 밥이 되었다.

신실하신 하나님께서는 우리의 기도를 들으신다. 기도하는 하나님의 자녀들을 구원해 주시고 존귀한 자로 세워 주신다. 그 신실하신 하나님을 믿고 더욱 기도생활에 힘쓰시는 성도들이 되어야한다.

10장

에스더의 기도

"모르드개가 그를 시켜 에스더에게 회답하되 너는 왕궁에 있으니 모든 유다인 중에 홀로 면하리라 생각지 말라 이 때에 네가 만일 잠잠하여 말이 없으면 유다인은 다른데로 말미암아 놓임과 구원을 얻으려니와 너와 네 아비 집은 멸망하리라 네가 왕후의 위를 얻은 것이 이 때를 위함이 아닌지 누가 아느냐 에스더가 명하여 모르드개에게 회답하되 당신은 가서 수산에 있는 유다인을 다 모으고 나를 위하여 금식하되 밤낮 삼일을 먹지도 말고 마시지도 마소서 나도 나의 시녀로 더불어 이렇게 금식한 후에 규례를 어기고 왕에게 나아가리니 죽으면 죽으리이다 모르드개가 가서 에스더의 명한대로 다 행하니라"(에 4:13-17)

1. 위기에 처한 유대인을 구했다

나는 결혼할 당시 아내에 대해 불만이 많았다. 그러나 아내가 늘 무릎 꿇고 기도하는 여인이어서 시간이 지날수록 점점 사랑이 깊어져갔다. 믿음의 여인이 들어오면 가정이 살아나는 것을 체험하였다. 그리고 교회와 목회가 살아나는 것을 느꼈다. 한 사람의 기도는 민족을 구하기도 한다. 아내를 생각하면서 에스더를 생각해 본다. 그녀는 기도를 통해서 이스라엘 민족을 멸망 직전에 구출하였다.

성경 66권 가운데 이 에스더서에는 '하나님'이나 '기도'란 말이 직접적으로 한 마디도 나오지 않는다. 때론 에스더서에 관하여 '왜 성경에 이러한 책이 있는가?' 하고 의심하는 사람들이 있었다. 그래서 성경학자들 사이에 정경에 대한 논쟁이 많이 되었던 책이 에스더서와 아가서이다.

그러나 성경학자인 매튜헨리는 에스더서에 대해 이런 말을 했다.

"에스더서에는 하나님의 이름이 나오지 않지만, 선택하신 백성의 구원의 섭리가 모든 상황 속에 명백히 나타나 있다"고 하였다. 비록 하나

님이라는 말은 나오지 않지만 하나님에 대한 신앙이 강하게 담겨 있다
는 점에서 우리들의 신앙생활에 큰 교훈을 주고 있다.

   에스더가 살아 있던 당시의 역사적 배경을 살펴보면, 그 당시 페르샤
에는 아하수에로 왕이 즉위하면서 그리스와 전쟁준비를 하고 있었다.
왜냐하면 아버지인 다리오 1세가 B.C 490년 그리스를 공격해 마라톤
평야에서 전투를 벌였는데 거기서 그리스군에게 참패를 당했다. 그래
서 아하수에로 왕은 10년 후 480년에 아버지의 원수를 갚고자 100만 대
군을 이끌고 그리스를 정복하기 위해 원정을 떠났다. 그리스원정을 떠
났는데 2차 전쟁도 살라미스 전에서 대패하게 되었다. 초라한 패자의
모습으로 돌아온 후 아하수에로 왕은 왕후를 간택하게 되는데 그 때 간
택된 사람이 바로 우리가 알고있는 에스더이다.

   그런데 문제가 발생하였다. 페르샤의 제2인자인 총리대신 하만이 문
지기로 있는 모르드개가 자기에게 절을 하지 않았다는 이유로 모르드
개와 유대인 전부를 죽이려는 음모를 꾸몄다. 에스더 3장 6절에 "온 나
라에 있는 유다인 곧 모르드개의 민족을 다 멸하고자 하더라"고 기록되
어 있다. 하만은 전쟁 비용으로 국고가 많이 빈 것을 이용하여 왕에게
은 1만달란트를 내놓겠다고 말하면서 왕의 명령에 불복하는 유대인들
을 죽이도록 허락해 달라고 하였다. 이것은 당시 페르샤 제국의 1년 수

입과 맞먹는 엄청난 돈이었다. 2007년 올해 우리나라의 1년 예산이 250조 정도이고, 미국이 3천조 정도인 것과 비교해 볼 때, 당시 최대 제국의 1년 예산을 내어놓겠다는 것을 보면 하만이 얼마나 대단한 부자였는가를 알 수 있다. 그래서 왕은 하만에게 반지를 빼어주면서 허락하였다.

에스더 3장 10절에 "왕이 반지를 손에서 빼어 유다인의 대적 곧 아각 사람 함므다다의 아들 하만에게 주며" 라고 기록되어 있다. 곧 전국 일백 이십 칠도에 있던 유대인들은 베옷을 입고 잿더미 위에 앉아서 절규하며 통곡하였다. 사촌 오빠인 모르드개는 왕의 조서 초본을 에스더에게 전달하면서 왕을 알현하여 민족을 구원해 달라고 부탁하였다. 에스더는 한마디로 거절했는데 그 이유는 그녀 개인의 생사가 달려 있는 심각한 문제였기 때문이었다. 당시 페르샤의 법은 왕이 부르지도 않았는데 왕 앞에 나가면 사형에 처하게 되어 있었다. 이런 법도를 알면서 왕 앞에 나아간다는 것은 자살 행위나 다름이 없었다. 그러나 모르드개는 에스더에게 더욱 간곡히 요청하였다.

에스더 4장 13절부터 14절에 "모르드개가 그를 시켜 에스더에게 회답하되 너는 왕궁에 있으니 모든 유다인 중에 홀로 면하리라 생각지 말라 이 때에 네가 만일 잠잠하여 말이 없으면 유다인은 다른데로 말미암아 놓임과 구원을 얻으려니와 너와 네 아비 집은 멸망하리라 네가 왕후의 위를 얻은 것이 이 때를 위함이 아닌지 누가 아느냐" 라고 기록되어 있다.

모르드개가 에스더에게 말한 내용은 다음과 같다.

"첫째, 왕궁에 있다고 해서 너 혼자 살아남을 것이라고 생각하지 말라.

둘째, 네가 만일 나서지 않으면 우리 민족은 다른 데로 말미암아 놓임을 받게 될 것이지만 너는 반드시 죽는다.

셋째, 네가 왕후의 위를 얻은 것은 이때를 위함이 아니냐? 네가 왕후가 된 것은 이 민족을 구하라는 사명 때문에 세워진 것이다."

이러한 모르드개의 강력한 요구에 대해 고민하던 에스더는 드디어 결심하고는 모르드개에게 부탁하였다. 그러면 수산에 모든 유다인들을 모으고 에스더를 위해 밤낮 3일을 먹지도 마시지도 말며 기도해 달라고 부탁하였다. 자기도 시녀로 더불어 금식한 후에 규례를 어기고 왕에게 나아가겠다는 것이었다. 에스더에게 있어 결단은 곧 죽음이었다.

이제 에스더는 부르지도 않았는데 목숨을 걸고 왕 앞에 나아갔다. 왕 앞에 나갈 때는 만약 두려워하거나 근심이 있는 표정을 하면 처형을 당할 위기에 처할 수도 있었다. 그래서 억지로라도 밝게 웃어야만 하였다.

조마조마한 마음으로 에스더가 왕 앞에 나아갔는데 아하수에로 왕이 금홀을 내밀었다.

왕은 에스더에게 무엇을 원하는지를 물으면서 그녀가 원하면 나라의 절반이라도 주겠다고 약속하였다. 에스더는 다른 얘기는 안 하고 그저 내일 잔치를 베풀테니 왕과 하만이 함께 참석해 달라고 말하였다. 왕과 하만이 참석한 두 번째 잔치자리에서 한참 잔치가 무르익어 갈 즈음 에스더가 왕에게 무릎을 꿇고 말한다.

"왕이시여! 왕께서 나의 소원을 들어주신다고 하였나이다. 왕이시여 저를 살려주시옵소서. 저는 유대인인데 저와 우리 민족을 죽이고 진멸하려는 자가 있나이다. 악한 자가 저와 우리 민족을 죽이려고 하기에 왕께 이렇게 말씀을 드립니다."

아하수에로 왕은 그 말을 듣고 분노해서 "감히 그런 마음을 품는 자가 누구란 말이냐" 라고 말했다. 그러자 에스더는 "바로 그 원수는 이 악한 하만입니다" 라고 말하였다. 에스더의 탄원에 왕은 분노하여 잠깐 자리를 떠났다가 다시 돌아오는데 보니까 하만이 살려달라고 왕후 에스더 앞에 엎드리는 것을 보았다. 그리고 왕은 행하지도 않은 죄를 뒤집어 씌워서 모르드개를 달려고 준비한 장대에 하만을 달라고 명령을 내렸다.

"자기의 부성한 영광과 자녀가 많은 것과 왕이 자기를 들어 왕의
모든 방백이나 신복들보다 높인 것을 다 말하고"(에 5:11)

하만은 자녀가 많은 것을 자랑스럽게 여겼는데 나중에 하만의 열 아
들까지 유다인들의 손에 죽고 말았다. 탈굼 성경(The Targums)에 "하
만은 본처가 낳은 10명의 자녀 외에도 여러 여자들을 통해 모두 208명
의 아들을 낳았다"고 기록되었는데 이때 모두 진멸을 당했다.

이렇게 하만의 손에서 온 이스라엘 백성들이 구원을 받은 것을 기념
해서 그때부터 부림절을 지키게 됐는데 우리나라의 광복절과 같이 오
늘날까지 유대인들은 성대히 지키고 있다.

2. 하나님은 언제나 자기 백성을 보호하신다

에스더서를 통해 볼 때도 하나님께서는 자기 백성은 어떤 상황 가운
데서도 반드시 보호하시고 지키신다는 것을 분명하게 볼 수 있다.

① 택한 백성을 구원하시는 분

하나님께서는 택한 백성은 어디를 가든지 어떤 위기에서도 반드시 건져 주시고 지켜주시는 신실하신 하나님이시다. 그것이 기독교 신앙의 기본이다. 그런데 에스더서에는 하나님을 찾는 모습도 없고 하나님의 이름이 단 한 번도 나오지 않았다. 더 놀라운 것은 그들이 찾지도 않고 부르짖지도 아니 했는데도 하나님께서는 구원을 가지고 찾아오셨다. 하만이 그러한 사건을 저질렀을 때, 하나님께서는 이미 구원섭리를 준비하고 계획 가운데서 한 고아가 양녀가 되고 왕후가 되게 하셨다. 에스더를 준비해 놓고 계셨다.

하나님께서 에스더를 준비해 놓은 것처럼 가정이 살려면 준비된 여자가 필요하다. 신부감을 구할 때 얼굴만 보지 말고, 마음씨와 믿음을 보고 골라야 된다. 얼굴은 한 달이고 몸매는 일 년이지만 신앙은 평생이다.

잠언 31장 30절에 "고운 것도 거짓되고 아름다운 것도 헛되나 오직 여호와를 경외하는 여자는 칭찬을 받을 것이라" 고 하였다.

에스더와 함께 모르드개라는 또 다른 한 인물이 등장한다. 모르드개가 어떤 인물인가에 대하여 살펴 보자. 모르드개가 에스더를 찾아와서 한 이야기를 분석해 보면 하나님에 대한 믿음보다는 인간적인 방법에 더 많이 의존하고 있는 인물인 것을 알 수 있다. 모르드개가 에스더에게 했던 말만 보아도 잘 알 수 있다.

첫 번째는 "왕궁에 있다고 해서 너 혼자 살아남을 것이라고 생각하지 말라"는 것이고, 둘째는 "네가 만일 유대 민족을 위해 나서지 않으면 우리 민족은 다른 데로 말미암아 놓임을 받게 될 것이다. 그러나 너는 죽는다"고 하였고, 세번째 "네가 왕위에 앉은 것은 이 때를 위함이 아니냐"라고 말했다. 그러므로 이 메시지는 "에스더 너만이 우리 유대민족을 구해줄 수 있는 유일한 인물이다"라고 말했던 것이다.

이 말에서 우리는 모르드개가 가진 생각을 엿볼 수 있는데, 그는 하나님 의존적인 신앙이 없다. 하나님께서 건져주실 것이라는 믿음을 표현하기보다는 왕궁의 실세인 에스더를 의지하는 불신앙 가운데 있는 인간적인 모습이 드러나 있다. 그러므로 지금까지 모르드개를 신앙적인 인물로 보게 된 데에는 에스더서의 결론 부분을 가지고 일방적으로 해석했기 때문이다. 성경의 인물은 전부 다 모범적인 인물이라는 안경을 가지고 성경을 봤기 때문이다. 그러나 실제로 보면 전혀 그렇지 않다. 그래서 마르틴 루터는 에스더서를 성경에서 제외시켜야 한다고 했다. 실제로 오랫동안 신학자들 사이에서 논쟁이 되기도 했다.

우리는 이러한 점을 염두에 두고 주인공인 모르드개와 에스더를 봐야 한다. 그 당시 이미 신실한 사람들은 예루살렘으로 다 돌아가고 그렇지 않은 사람들만 남아 있었다. 대부분 믿음 있는 유대인들은 1차 귀환 때 예루살렘으로 돌아왔다. 그래서 에스더 당시 남아 있는 사람들은 대부분 신앙이 약한 사람들이었다. 어떻게 보면 전부 다 신앙적인 실패자들의 자손들이고 이미 이국 땅에서 그들의 문화에 동화되어 이방인처럼 살았던 사람들이다. 그러므로 모르드개와 에스더가 너무 지나치게 신앙생활에 모범이 될 만한 사람이라고 생각하는 것은 잘못이다.

왜냐하면 1차 포로귀환 때 가지 않은 후손들이고 그 다음 에스더는 왕후가 되어 권력의 맛을 보았다. 또한 성경 기록에 두 사람의 신앙생활에 대한 기록이 없다. 이런 것을 볼 때 그들이 신앙이 있었다고 보기가 어렵다. 그러나 하나님께서는 그들의 믿음이 연약했지만 두 사람을 사용하신 것이다. 모르드개가 구원을 위해 한 번도 하나님을 언급한 적이 없다는 것을 통해서도 우리가 알 수 있듯이, 그는 믿음으로 행동한 것이 아니었다. 모르드개는 위기를 맞이했을 때 에스더라고 하는 권력자를 필사적으로 붙잡은 것이다.

그래도 한가지 분명한 것은 에스더를 통해서 민족을 구원해 보려고 모르드개가 몸부림쳤다는 점이다. 여기서 우리가 새롭게 발견할 수 있는 것은 하나님께서 섭리하실 때는 믿음의 사람도 쓰시지만 필요에 따라 믿음이 없는 사람도 쓰신다는 점이다.

② 구할 수 없는 상황에서도 도우시는 하나님

우리는 에스더서를 보면서 성도가 위기를 맞는다고 언제나 믿음으로 기도할 수 있는 건 아니라는 것을 발견할 수 있다. 오히려 기도하지 못할 때가 더 많다. 그렇다고 이 말이 기도하지 않아도 된다가 아니라 우리가 연약해서 기도하지 못할 때도 있다는 것이다. 그럼에도 불구하고 우리가 어둠에 앉아서 탄식하고 있을 때 하나님께서는 우리 연약함을 아시고 친히 도우신다는 것을 에스더서를 통해서 깨달을 수 있다. 그것을 잊지 말아야 한다. 하나님께서는 우리들의 약한 본성을 아시기에 정말로 긍휼히 여기신다.

이것을 이해하는 데 좋은 예가 있다. 신약성경에 보면 예수님의 제자들이 갈릴리 바다를 건너갈 때 밤중에 풍랑이 몰아쳐서 거의 배가 깨질 지경이었다. 그러나 그들은 주님을 찾지 않았다. 두려움과 공포 가운데서 떨고 있었다. 이 상황에서 바다 건너편에서 주님께서 물 위로 걸어오셨다. 그리고 그 배에 오르시고 풍랑을 잠잠케 해주셨다. 이 갈릴리 바다의 내용이 바로 에스더 시대 상황이라고 생각하면 맞다.

우리 주위에 너무나 큰 시험이나 시련을 당해서 막상 구해야 될 때 구하지 못하는 사람들이 많다. 너무 어려우면 기도가 나오지 않는 경우가 있다. 마땅히 구해야 될 바가 있음에도 구하지 못하는 경우가 있다. 상황에 매몰되어 걱정만 하고 탄식하거나 그냥 울기만 할 때가 있다. 그때 나를 도우시는 자가 있다는 사실을 우리는 기억해야 한다.

로마서 8장 26절에 "이와 같이 성령도 우리 연약함을 도우시나니 우리가 마땅히 빌바를 알지 못하나 오직 성령이 말할 수 없는 탄식으로 우리를 위하여 친히 간구하시느니라"는 말씀대로 우리가 마땅히 빌 바를 알지 못할 때 성령이 탄식 가운데서 우리를 위해 기도해 주신다.

사실 대부분의 성도들은 기도해야 된다는 당위성은 다 알고 있다. 어려우면 기도해야 하지만 현실이 그렇게 되지 않는 경우가 많다. 내가 힘이 없어서 하나님의 손을 놓을 때가 있다. 그러나 그때 하나님께서는 내 손을 놓지 않으신다는 것을 잊어서는 안 된다.

엘리야가 로뎀 나무 아래서 쓰러져 인생을 끝내고 싶어 했을 때 하나님께서 천사를 보내 어루만지면서 떡과 물을 주고 힘을 북돋아 주셨다. 시편을 보더라도 삼분의 이가 탄식시인 것을 보면 어려움 가운데서도 붙잡아 주시는 하나님을 알 수 있다. 욥도 한때는 믿음을 버릴 만큼 절망에 빠졌으나 하나님께서는 그 손을 놓지 않았다. 그리고 마침내 갑절의 복을 주셨다. 우리가 죽도록 하나님은 내버려 두지 않는다. 그래서 내가 사망의 음침한 골짜기에서 쓰러져 절망하고 탄식하며 기도하지 못할지라도 하나님께서는 나를 놓지 않고 끝까지 구원의 큰 손을 펼치셔서, 쉴만한 물가로 푸른 초장으로 인도하신다는 이 위대한 사실을 명심해야한다.

우리 민족과 한국 교회에 문제점이 있어도 소망이 있는 것은 하나님께서 이대로 그냥 두지 않으실 것이라는 사실 때문이다. 우리 민족 가운데 에스더와 같은 인물을 숨겨놓았다고 나는 생각한다. 반드시 때가 되면 그런 인물이 역사에 등장해서 다시 한번 제2의 부흥의 역사를 주실 것이다. 그러기 위해서 우리는 기도를 통해 나의 사명이 무엇인가를 깨달아야한다.

③ 사명을 이루는 기도를 들으시는 하나님

에스더 4장 14절에 보면 "네가 왕후의 위를 얻은 것이 이 때를 위함이 아닌지 누가 아느냐?" 라고 모르드개가 말하면서 에스더에게 나설 것을 촉구하였다. 에스더는 그래서 죽으면 죽으리라는 결단을 하면서 하나님께 금식하며 기도하였다. 사실 성경에서 구체적으로 에스더가 얼마나 신앙적인 인물인지 확인할 수 있는 근거는 없다. 그러나 이런 큰 위기 앞에서 기도하기로 결정했다는 것이 훌륭한 것이다. 믿음이 연약하여도 결심하고 다시 서면 된다.

베드로는 절대 부인하지 않겠다고 주님 앞에서 맹세하였다. 그러나 어린 소자 앞에서도 세 번씩이나 부인하였다. 왜 그랬을까? 기도하지 않으면 결심은 지키기가 쉽지 않다. 기도하지 않았다면 에스더 역시 왕 앞에 절대로 못 갔을 것이다. 죽는 길인데 갈 수 있겠는가? 절대 못 간다. 기도를 약속이 대신하지 못한다. 실수하고나서 다시는 하지 않겠다는 약속은 필요 없다. 우리는 돌아서면 연약해지는 존재라서 그렇다. 그래서 사람은 날마다 약속하면서 날마다 거짓말을 한다. 약속을 열 번 하면 거짓말은 열한 번한다. 약속하는 것만큼 거짓말을 한다. 인간이 약하기 때문에 아무리 선한 결심이라도 오래가지 못한다. 사람은 자기 의지나 결심으로느 하나님 뜻을 이루지 못하는 법이다.

에스더를 보면 다시 회복한 기도가 있었기에 왕 앞에 사명을 감당할 수 있었다. 이처럼 만약 우리가 에스더처럼 결심했다면 그 다음은 무조건 기도로 전진해야 된다. 피할 수 없이 내게 주어진 사명이라면 그때는 두말없이 기도하고 전진해야 된다.

18세기 미국의 정치가 벤자민 프랭클린은 "일할 때는 백 년을 살 것처럼 왕성하게 일하고, 기도할 때는 내일 죽을 것처럼 진지하게 기도하라"는 명언을 남겼다. 일은 백 년을 내다보고 하지만, 기도할 때는 당장 내일 죽는다고 생각하고 목숨을 걸고 기도하라는 것이다. 수많은 사람들이 기도하면서 왜 응답을 받지 못했다고 말하는가? 그것은 목숨 걸고 기도하지 않았기 때문이다. 간절히 죽을 각오로 기도해야한다.

예레미야 29장 11절부터 13절까지 "나 여호와가 말하노라 너희를 향한 나의 생각은 내가 아나니 재앙이 아니라 곧 평안이요 너희 장래에 소망을 주려하는 생각이라 너희는 내게 부르짖으며 와서 내게 기도하면 내가 너희를 들을 것이요 너희가 전심으로 나를 찾고 찾으면 나를 만나리라"고 한 말씀을 기억하자.

우리는 에스더의 용기 있는 태도를 통해, 어떤 상황이든지 내가 감당해야 된다는 생각이 들면 하나님의 도우심과 섭리가 있다고 믿고 전진해야 된다는 것을 배울 수 있다.

우리에게도 살면서 에스더처럼 회피할 수 없는 상황이 있다. 내가 원하든 원하지 않든 그런 상황이 오면 그때는 기도하면서 받아들여야 된다. 우리 인생 가운데는 자신의 삶의 현실에 대해서 받아들이지 못하고 불만을 가지고 있는 사람이 많이 있다. 남편 때문에, 아내 때문에, 가정환경에 대해 직장이나 인생에 대해 불만으로 가득 차 있다. 그 자리가 피할 수 없는 자리라면, 그리고 어차피 내가 그 길을 가야 한다면 믿음으로 받아들이고 기도로 감당해야 된다. 그것이 온전한 신앙인의 모습이다. 에스더 역시 그녀가 할 수 있는 일은 목숨 걸고 왕 앞에 가는 것밖에 없었다. 그리고 나머지는 다 그냥 하나님께 맡겼다.

구레네 시몬도 예루살렘에 여행 왔다가 많은 사람들 가운데 붙잡혀서 십자가를 졌다. 속으로 얼마나 재수 없다고 생각했겠는가? 그러나 가만히 생각해 보면 이것이 얼마나 큰 축복인가? 아들인 알렉산더와 루포는 초대 기독교 역사에서 대단히 큰 인물이 되었다. 어떤 일이든지 간에 하나님에 대한 확신만 있으면 현실을 그대로 받아들이는 것이 복된 일이다.

로버트 슐러 목사의 딸은 교통사고로 두 다리를 잃었다. 슐러 목사가 집회에 나간 사이에 사고가 났다. 그때 했던 유명한 말이 있다.

"이 일에 내가 할 수 있는 유일한 길은 현실을 그대로 받아들이는 것이다. 그리고 의연하게 나는 지금 그 길을 가고 있다"고 말하였다. 지금의 현실이 어떤 상황이든 받아들이는 것이 신앙이다.

에스더가 할 수 있는 일은 불평하지 않고 현실을 수용하여 죽는 일이 있더라도 왕 앞에 가는 것이었다. 가다 보니 자기도 살고 민족도 사는 하나님의 놀라운 역사가 나타난 것이다.

우리도 시련을 만나면 불평하지 말고 현실을 받아들이면서 간절히 하나님께 구해야 한다. 하나님께서 우리의 소원과 간구를 들으시고 우리의 모든 문제를 해결해 주실 것이다.

청년기에 내게도 예기치 못한 두통이라는 질병이 있었다. 그러나 불평하지 않고 받아들였고 감사했다.

그렇다고 병을 감사하라는 말이 아니다. 병은 와서는 안 되는 것이다. 그러나 병을 통한 하나님의 또 다른 뜻이 있기에 하나님의 그 뜻을 생각하며 감사하는 것이다. 다시 말하면 병 자체를 감사하라는 것이 아니라 지금의 상황이 어떤 상황이든 받아들여야 한다. 시련을 만나면 불평하지 말고 현실을 받아들이면서 간절히 하나님께 구하는 것이 바른 신앙인의 자세이다. 그럴 때 하나님께서 우리의 소원과 간구를 들으시고 우리의 모든 문제를 해결해 주실 것이다.

11장

주기도문

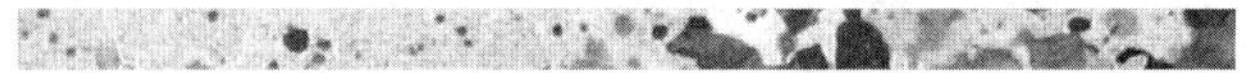

"그러므로 너희는 이렇게 기도하라 하늘에 계신 우리 아버지여 이름이 거룩히 여김을 받으시오 며 나라이 임하옵시며 뜻이 하늘에서 이룬 것 같이 땅에서도 이루어지이다 오늘날 우리에게 일용 할 양식을 주옵시고 우리가 우리에게 죄 지은 자를 사하여 준 것같이 우리 죄를 사하여 주옵시고 우리를 시험에 들게 하지 마옵시고 다만 악에서 구하옵소서(나라와 권세와 영광이 아버지께 영 원히 있사옵니이다 아멘)"(마 6:9-13)

1. 기도의 당위성을 인식하라

이엠 바운즈는 "신앙생활에 있어서 기도를 대신할 만한 것도 없고 기도에 버금갈 만한 것도 없다"고 말하였다. 옳은 말이다. 기도는 신앙생활의 심장이다. 정말 기도를 빼버리면 신앙생활은 심장이 멎어 버린 것이나 마찬가지이다. 그러므로 예수를 믿으면 누구든지 반드시 기도해야 한다. 또 기도해야 할 때에 바로 해야 한다. 그리고 기도할 때에는 열정을 가지고 뜨겁게 해야 한다. 그리고 반드시 해야 한다. 이것이 우리의 신앙생활에 있어서 기도의 진면목이다.

기도라고 하는 것이 요즘 사람들이 흔히 생각하는 것처럼 쓸모없는 독백이 아니다. 현대인들 가운데 기도에 대해서 기도의 무용론을 생각하면서 시간 낭비라는 의식이 많아졌다. 그래서 시간 나면 기도하고, 시간 없으면 기도하지 않아도 된다고 하는 의식이 많다. 간단히 말하면 기도를 삶의 우선순위에 두지 않으려고 하는 그런 의식이 신자들한테도 있다. 그 의식 밑바닥을 들여다보면 기능적 사고가 있다. 기능적인 사고라는 것은 돈이 될 수 있는 것만을 중요하게 생각하는 것이다. 돈

안 되는 것, 출세하고 성공하는 것에 도움이 안 되는 것은 다 부정하는 사고이다.

고대사회는 하나님께 예배하고 신들에게 마땅한 경배를 드리는 것을 가장 우선순위로 삼던 종교사회였다. 그러나 현대사회는 경제적인 원리만을 중심 가치로 삼는 사회이다. 그러므로 투자해서 눈에 직접적으로 보이는 결과가 없으면 전혀 관심이 없다. 그런 경제적인 관점에 충실한 사람들이 기도를 보면 시간 낭비로 보인다.

빌게이츠 부인은 철저한 가톨릭 신자라서 남편에게 성당에 같이 가자고 제안했는데 빌 게이츠는 다음과 같이 말하면서 안 간다고 하였다.

"내가 교회 나가서 예배드리는 시간에 일을 한다면 훨씬 더 많은 일을 할 수 있다. 그리고 많은 돈을 벌 수 있다. 그래서 종교는 경제적인 발전에 대단히 비효율적인 행위다."

이러한 빌게이츠의 사고방식이 오늘날 많은 사람들이 갖고 있는 보편적인 사고방식이다. 이런 의식 속에 살고 있기 때문에 불신자들이 볼 때는 기도가 굉장한 낭비로 보이는 것이다. 몇 시간씩 기도하고, 밤에 잠도 자지 않고, 때로는 금식하고 기도하는 것이 무슨 의미가 있는지 이해하지 못한다. 기도라는 것은 불신자들의 눈에는 대단히 비효율적인 행위이다.

그런데 문제는 이런 사고방식이 교회 안에도 있다는 것이다. 예를 들면 고3 학생 부모들 가운데 "내일 모레 시험인데, 오늘 예배에 꼭 가야 돼? 오늘은 그냥 공부해라" 라고 말하는 경우가 많다. 왜냐하면 당장 공부하는 것이 좋은 결과를 갖고 온다는 사고를 갖고 있기 때문이다. 기도함으로써 우리가 직접 공부하는 것보다 더 많은 일을 할 수 있다는 생각을 못하는 것이다.

그러나 종교 개혁자 마르틴 루터는 바쁠수록 더 많이 기도했다. 평소에 1시간씩 기도했다면 바쁠 때는 2~3시간씩 기도하였다. 그래서 그의 제자들은 바쁜데 왜 기도를 더 오래 하느냐고 물었는데, 루터는 일이 너무 많아서 혼자 하기 어려울 때 주님과 함께 하면 쉽다고 말했다. 혼자 하는 것보다 주님과 함께 하는 것이 바로 기도이다. 기도가 얼마나 우리 삶에 중요한 부분인가 하는 중요성을 일깨우는 예화이다.

모세는 40년간 광야에서 목동으로 양치기 한 것 밖에 없다. 기능적 관점에서 보면 모세의 광야 시기는 완전히 허송세월한 것 아닌가? 양치는 일 외에 이룬 것이 아무 것도 없는 것처럼 보인다. 그러나 이 시기 동안 모세는 영적인 지도자로서 아주 중요한 훈련을 받았다. 광야에서 세상의 소리가 들리지 않는 곳에서 하나님과 영적인 깊은 교제를 나누었던 것이다. 하나님의 일을 하기 위해서는 광야의 이 시기보다 더 중요한 것은 없다. 기도하기 위해서 하던 일을 멈추는 것이 중요하다는 것을 알아야 한다. 다시 말해서 기도에 대한 우리의 인식을 바꾸어야 한다.

나도 한 때 사역을 멈추고 하나님을 만나야겠다고 생각해서 시골교회로 들어간 적이 있었다. 그때 나는 약3년 동안 목회를 하지 않으려고 그곳에 간 것이었다. 목회를 안 하고 그냥 쉬면서 기도만 하려고 시골의 기도원 같은 작은 교회로 가려고 했다. 그러나 지나고 생각하니까 내가 목회를 아예 그만두고 기도생활에만 전념하려고 한 것은 올바른 선택이 아니었다. 밥 먹고 기도만 하는 것도 기도 없이 일만 하는 것도 올바른 것이 아니었다. 이것은 양자택일의 문제가 아니라 마음가짐의 문제이다. 일상생활을 하면서 기도를 내 삶의 본질로 삼아 우선순위에 놓고 기도의 삶을 소중하게 여기는 마음이 중요하다는 것을 깨달았다.

현재 우리는 일상생활에 몰입해서 앞 뒤 가리지 못하고 살아간다. 그러나 그 과정 속에서 반드시 우리는 하나님과의 만남을 갖기 위해 일상을 잠시 멈추고 기도의 호흡을 시작해야 할 필요가 있다. 분주한 일상을 잠시 뒤로하고 멈추어 서서 위로부터 오는 은혜를 공급받는 기도의 시간이야말로 우리 기독교인들에게 최고로 중요한 시간이란 사실을 알아야 한다.

2. 주기도문의 중요성을 깨달아야 한다

마귀가 성도에게서 마지막으로 빼앗고 싶은 기도가 있다면 주기도문이 아닐까 하는 생각을 한다. 그만큼 이 주기도문은 우리에게는 중요하고 사탄에게는 너무 듣기 싫은 기도이다.

동구 루마니아에 살아있는 순교자라는 별명을 가진 위대한 분이 한 분 있었다. 2001년 소천하신 리차드 범브란트 박사이다. 이분은 저술가이면서 신학교 교수이다. 1948년도에 잡혀서 투옥을 당하고 그후 15년 동안 감옥에서 고통을 당하는 어두운 인생을 보내게 되었다. 그가 처음에 잡혀서 3년 동안 지하 감옥 독방에 갇혀 있을 때, 생각을 나눌 만한 말 벗도 없었다. 읽을 책도 없고, 자기 생각을 써 볼만한 종이나 연필도 없었고, 심지어 지저귀는 새소리도 들리지 않았으며 파란 풀 포기 하나도 볼 수가 없었다. 조용히 스며드는 햇빛도 구경할 수 없었다. 그런 지옥 같은 환경에서 그는 3년을 버티면서 혹독한 굶주림 속에서 살았다. 게다가 자주 끌려 나가서 고문당하고 매질을 당했다. 공산주의자들은 범브란트의 기억력을 파괴하기 위해서, 스프에다가 매일 마약까지 탔다. 그의 정신세계는 점점 제 기능을 발휘하지 못하게 되었다. 점점 기억력도 상실되었다. 얼마 지나지 않아서 그는 성경에 있는 내용도 모두 잊어버리기 시작했다. 어느 날 밤, 그는 조용히 눈을 감고 하나님을 향하여 주님이 가르치신 주기도문을 외우려고 했는데, 그날 따라 "하늘에 계신 우리 아버지시여 이름이 거룩히 여김을 받으시오며 나라가…" 하고는 그 다음 내용이 전혀 생각이 안 나는 것이었다. 잊어버린 것이다. 그는 너무나 당황스럽고 너무나 서글펐다. 그래서 이런 말을 써 놓았다.

"나는 매우 슬펐습니다. 내가 그분의 기도를 잊어버리다니."

그리고는 옷매무새를 다시 고쳐 잡고 하나님 앞에 머리 숙여 이렇게 기도했다.

"하늘에 계신 우리 아버지여, 내가 주님의 기도문을 다 잊어버렸지만 하나님은 제 마음을 아시죠? 예수님 사랑합니다. 예수님 사랑합니다. 아멘."

마약으로 인한 정신적 암흑 상태를 2년 동안이나 버티면서 그는 싸웠다. 그러던 어느 날 갑자기 주기도문이 생각이 났다.

"하늘에 계신 우리 아버지여, 이름이 거룩히 여김을 받으시오며 나라이 임하옵시며 뜻이 하늘에서 이룬 것 같이 땅에서도 이루어지이다."

회복된 주기도문의 기도를 통해서 그의 메말랐던 심령에 다시 한번 꽃이 피기 시작했고 그의 영혼이 다시 회복되는 놀라운 축복을 누리면서 그는 혹독한 감옥생활에서 승리할 수 있었다.

예수님께서 '너희는 이렇게 기도하라' 고 하시면서 유명한 주기도문을 가르쳐 주셨다. '이렇게 기도하라' 는 의미는 기도는 되는대로 하면 안 된다는 것이다. 그러므로 원칙을 배워야 한다. 기도에도 원칙이 있고 법칙이 있다. 그 법칙을 항상 마음에 두고 기도하는 사람이 되라는 말씀이다.

주기도문을 보면 먼저 하나님 자신을 위한 기도가 나온다. '하나님의 이름, 나라, 뜻' 세 가지가 나온다. 그 다음에는 우리 자신을 위한 세 가지 기도인 '일용할 양식, 우리 죄를 사하여 주옵시고, 다만 악에서 구하옵소서' 가 나온다.

3. 주기도문의 내용을 깊이 깨달아야 한다

① '하늘에 계신 우리 아버지여'

유대인들은 아무도 하나님을 아버지라고 부른 사람이 없다고 한다. 현재까지 남아 전해 내려오는 모든 문서를 다 뒤지고 연구를 해도 하나님을 개인적으로 아버지라고 부른 사례가 없다. 만약에 하나님을 아버지하고 부른다면 그것은 신성 모독죄로 다루어지기 때문에 엄두도 못내는 일이었다. 구약시대 때 이스라엘 백성들은 거룩하신 하나님의 이름을 함부로 부를 수가 없어서 대신 '아도나이' (나의 주님)라고 불렀다. 그런데 히브리어는 원래 자음밖에는 없다. 계속해서 하나님의 이름을 부르지 않다 보니까 발음을 잊어버리게 돼서 모음을 붙여 부르게 되었다. A.D 6세기경에 맛소라 학파라 불리는 유대인 학자들이 히브리어 성경 본문에 모음을 붙이기 시작해서 A.D 900년에 히브리어 성경을 완성했다. 그때 하나님이라는 자음에 '아도나이' 라는 모음을 붙였는데 라틴어식 발음이 되다 보니 '여호와' 가 되었다. 많은 성경학자들이 연구한 결과 모세에게 말씀하신 하나님의 이름은 여호와가 아니라 '야웨' 가 맞는 발음이었다. '야웨' 란 말은 "나는 스스로 있는 자니라" 는 뜻이다.

　　예수님은 세상에 오시자마자 처음부터 항상 '하나님을 아버지' 라고 부르셨다. 요한복음을 보면 예수님은 하나님을 120번 이상 '아버지' 라고 부르셨다. 이 '아버지' 는 우리가 흔히 격식을 갖추어서 부르는 호칭하고는 다르다. 그냥 아버지가 아니다. '아빠, 아빠' '아바 아버지' 라고 하셨다. 그리고는 우리에게 '너희도 그렇게 기도하라' 고 하셨다. 왜 그러셨을까? 요한복음 1장 12절에 "영접하는 자 곧 그 이름을 믿는 자들에게는 하나님의 자녀가 되는 권세를 주셨으니" 라는 말씀처럼 우리는 하나님을 '아버지!' 하고 마음대로 부를 수 있는 권세를 예수님 때문에 얻었다.

갈라디아서 4장 6절에 "너희가 아들인고로 하나님이 그 아들의 영을 우리 마음 가운데 보내사 아바 아버지라 부르게 하셨느니라"고 말씀하였다.

그래서 어떤 사람은 주기도문 제일 앞에 나오는 "하늘에 계시는 우리 아버지여," 라는 것은 기도의 황금 문이라고 말한다. '하늘에 계신 우리 아버지' 하고 부를 때 벌써 우리는 기도의 황금문에 들어가는 것이다. 하나님의 은혜의 보좌 앞으로 당당히 가서 '아버지' 라고 하면 하나님이 '오냐' 하며 대답하시는 것이다.

그러면 왜 예수님이 우리를 향해서 하나님을 아버지라 부르면서 기도하라고 하셨는가? 그 말 속에는 하나님은 좋은 것만 골라서 우리에게 주시는 분이라는 의미를 담고 있다. 이는 우리의 해결자가 되시고 책임자가 되신다는 말이다.

마태복음 7장에 보면 아무리 악한 아버지라도 자식이 생선을 달라는데 뱀을 줄 리가 없다고 말씀하였다. 그 다음에 중요한 말씀이 나온다.

마태복음 7장 11절에서 "너희가 악한 자라도 좋은 것으로 자식에게 줄 줄 알거든 하물며 하늘에 계신 너희 아버지께서 구하는 자에게 좋은 것으로 주시지 않겠느냐"고 말씀하셨는데, 이는 '너희가 악한 인간이 아니냐? 악한 아버지가 아니냐? 급하면 자식도 버리는 악한 자가 아니냐? 급하면 자식도 죽이는 악한 인간이 아니냐? 그럼에도 불구하고 좋은 것으로 자식에게 줄줄 알거든 하물며 하늘에 계신 너희 아버지께서 구하는 자에게 좋은 것으로 주시지 않겠느냐' 라는 의미이다.

우리는 이 말씀을 통해 하나님을 왜 아버지라고 부르라고 하시는지 알 수 있다. 아버지는 항상 좋은 것을 주시는 분이기 때문에 그렇다.

② '이름이 거룩히 여김을 받으시오며'

이 말의 뜻은 '오 하나님이여, 하나님으로서 당신이 받으실 영광과 존귀와 거룩함을 홀로 받으시기를 원합니다' 라는 뜻이다. 하나님은 하나님으로서의 대우를 받아야 된다. 하나님의 이름은 절대로 모욕당해서는 안 된다. 하나님의 이름은 절대 사람들에게 무시당해서도 안 된다. 모든 존귀와 찬양과 경배가 그 거룩하신 이름에 올려져야 된다.

유대인들을 보면 전혀 하나님의 뜻대로 살 생각도 없으면서 제단에 올라갔다. 제사할 때 동물을 잡아 바치고, 회개하지 아니한 손을 들고 기도할 때 하나님 이름을 모욕하는 것이라고 성경은 가르쳤다.

따라서 예수님의 예배에 관한 가르침에서 나오듯이 "형제들과 사과하고 돌아와서 예배하라"고 한 것이 원칙이다. 우리의 삶과 우리의 신앙이 일치할 때 하나님의 이름이 거룩히 여기심을 받는 것이다. 완전히 자기 마음대로 살아놓고 또 그 마음대로 살아왔던 삶을 고칠 생각도 없으면서 하나님께 손을 들어 기도하면 하나님 이름을 망령되이 일컫는 행위가 되는 것이다. 마찬가지로 하나님 이름이 거룩히 여기심을 받는다는 것은 신앙과 삶의 일치를 의미하는 것이다. 그러니까 하나님의 이름이 진정으로 거룩히 여기심을 받으려면 우리의 삶을 고쳐야 된다. 그러기 위해서는 성품의 성공을 추구해야 한다. 무엇보다도 그리스도인다운 성품을 추구해야 하는 것이다. 오늘날 사람들이 성품보다는 현실적인 성공을 더 많이 추구한다. 불의한 재물을 추구한다든지, 혹은 어떤 수단과 방법을 가리지 않고서라도 자기의 목적을 이루려고 한다든지 하는 식의 태도가 결국에는 오늘날 가장 하나님의 이름을 욕보이는 일이 되고 있다. 하나님의 이름이 거룩히 여기심을 받기를 원한다고 고백할 때는 내 삶을 하나님의 뜻대로 바꾸고자 하는 정말 결연한 각오가 있어야 한다. 오늘날 많은 사람들이 성품의 중요성을 깨닫지 못하고 있다. 그리스도인이라면 성품의 변화를 반드시 추구해야 한다. 왜냐하면 오늘날 세상이 기다리고 있는 사람은 그 말이 보증수표가 되는 그런 정직한 사람이기 때문이다.

1919년 삼일 운동이 일어나고 한 달 뒤 일본 헌병대의 일지에 나오는 내용은 우리에게 성품의 중요성을 다시 한 번 일깨워준다. 일본 헌병대는 삼일 운동 후 한 달이나 지났으므로 누가 누군지를 몰랐다. 무라까미 헌병소장이 부하인 다나까에게 우선 나가서 기독교인들부터 먼저 알아내라고 했다. "기독교인들은 했으면 했다고 하는 사람들이다. 그 사람들은 거짓말 안 한다"고 지시하였다고 한다. 당시만 하더라도 우리 민족들 뿐만 아니라 외국인들이 보기에도 기독교인들은 거짓말하지 않는 사람들이었다. 이 사실은 일본 헌병들이 문서에 남길 정도로 기독교인들의 뚜렷한 특징이었다.

신자들이 바르게 선하게 살아서 하나님께 칭송이 돌아가게 하는 것이 바로 하나님의 이름이 존귀하게 여김 받도록 하는 것이다. 오늘날 많은 사람들이 성품의 중요성을 잘 깨닫지 못한다. 다른 사람들에게 가장 큰 영향을 미치는 것은 성품인데도 말이다.

우리가 잘 알다시피 간디가 영국에 유학할 때 기독교인이 될 뻔했다. 그러나 간디가 결국 기독교인 되기를 포기한 것은 영국에서 하숙하던 하숙집 주인 때문이다. 그 주인은 경건한 기독교인이었다. 어느 날 간디가 집으로 돌아오는 길에 가을비가 내리고 있었다. 그 때 누추해 보이는 소녀 하나가 하숙집 앞 처마에 서서 비를 피하고 있는데 주인 아주머니가 나와서 "나가라!"고 하면서 여자아이를 쫓아냈다. 처마 밑에서 비를 피하고 있는 어린아이를 쫓아내는 모습을 간디가 봤다. 바로 그 사건이후에 간디는 "기독교인 되기를 포기했다"고 했다. 이 아주머니의 한 마디가 인도 복음화를 더디게 한 것이다. 즉 한 번의 잘못된 성품의 노출이 복음에 미친 나쁜 영향은 말로 다 하지 못할 것이다. 그런 면에서 오늘날의 기독교 교회가 정말 각성해야 된다.

③ '나라이 임하옵시며'

주기도문의 주제는 하나님의 나라이다. 그러면 하나님의 뜻이 무엇인가? 천국 건설이다. 예수께서 세상에 오셔서 하신 첫마디가 '회개하라 천국이 가까왔느니라' 였다. 그리고 일생동안 하나님 나라가 이 땅에 임하여 예수 그리스도가 그 마음을 다스리는 거룩한 백성들이 이 땅을 가득히 메우기를 소망하면서, 예수님은 그 일을 위하여 십자가에 죽으셨고 부활하셨다. 그리고 부활하신 후 제자들과 40일 동안 예수님의 비전을 나눌 때도 대화의 주제는 하나님의 나라였다. 즉 천국 건설이 비전이셨다. 그러므로 하나님의 나라와 그 뜻을 위해서 먼저 기도해야 한다.

④ '뜻이 하늘에서 이룬 것 같이 땅에서도 이루어지이다'

주기도문의 전제는 일방적으로 자기의 요구를 바라는 게 아니고 하나님의 뜻에 따른 우리의 순종을 전제로 한 것이다. 주기도문의 제일 중요한 것은 순종을 전제로 하는 기도라는 사실이다.

예를 들면 주님께서 언제나 기도를 가르칠 때 제자들이 "아버지의 뜻이 무엇입니까?"라고 물었다. 이 말은 "우리는 하나님의 뜻을 알면 순종하겠다"는 뜻이다. 즉 제자들은 "지식이 먼저 오면 그 다음 순종하겠다"고 말했던 것이다. 그런데 주님은 반대로 대답하셨다. 예수님은 그것을 바꾸어 "순종할 의지가 있으면 하나님의 뜻은 알게 된다"라고 말씀하셨다.

우리도 기도할 때 "하나님의 뜻을 보여 주십시오, 내가 순종하겠습니다"라고 말하곤 한다. 그러나 예수님은 성령으로 "네가 진정으로 하나님의 말씀에 순종할 의지가 있다면, 하나님의 뜻을 알게 된다"라고 말씀하신다.

우리는 "지식이 먼저 있어야 순종이 가능합니다"라는 식으로 하나님께 기도하곤 한다. 언제나 무엇을 몰라서 순종 못한다는 식으로 이야기 하곤 한다. 뜻을 모르기 때문에 순종 못하겠다고 핑계를 댄다. 항상 순종에 앞서 하나님의 뜻을 아는 지식이 선행되어야 한다는 조건을 내세운다. 그런데 주님은 너희들이 진정으로 순종할 마음을 가진다면 그 순종하는 의지가운데 하나님의 뜻이 나타난다는 것이다.

항상 우리의 문제는 지식이 아니라, 순종의 문제이다. 순종할 마음이 내 마음 중심에 자리를 잡으면 순종하고자 하는 의지가운데 이미 하나님의 뜻이 나타난다. 그래야 보인다. 불순종은 지식의 문제가 아니라 마음의 문제, 자세의 문제이다. 순종하고자 하는 그 마음속에 하나님의 뜻이 심겨진다.

'나라이 임하옵시며' 라는 것은 전적으로 하나님 나라가 임하는 것은 하나님의 일이라는 의미이다 그러나 그것은 하나님의 일만으로 설명될 수 없는 또 다른 당위성이 있다. 하나님 나라가 임하는 것은 우리의 전도 사역에 달렸다. 즉 열정적인 노력에 달려 있는 것이다. 설교자가 강단에 올라가서 설교하기 시작하는 그때부터 구원의 역사는 시작되는 것이다. 설교자가 강단을 차지하고 있는 한 아무도 간섭하지 못한다. 그러다가 그 설교자가 설교를 끝내는 순간에 구속의 역사는 잠시 쉬는 것이다.

전도할 때 구속역사는 이뤄지는 것이다. 전도를 멈추면 성령도 같이 쉬는 것이다. 사도행전에 꼭 그렇게 되어 있다. 그래서 사도바울에게 쉬지 말고 외치라고 말하는 것이다. 그리고 쉬지 않고 일해야 성령이 그와 더불어 역사하는 것이다.

"내가 복음전하겠다"고 하는 의식이 있어야 하는 것이지 그냥 "일방적으로 하나님 나라가 임하게 해 달라"고 하는 그런 피동적이고 수동적인 자세가 어디 있는가? 하나님의 나라는 그냥 공짜표 받듯이 이뤄지는 것이 아니다. 우리들의 눈물과 땀, 그리고 수고스러운 사역에 의해서 하나님 나라가 조금씩 조금씩 그 뜻대로 이루어져 간다는 것을 깨달아야 한다.

⑤ '오늘날 우리에게 일용할 양식을 주옵시고'

일용할 양식이란 무엇일까? 그날 먹고 마시고 끝나는 것이 일용할 양식이다. 하루 양식을 의미하는 것이다. 우리 가운데서 기도할 때에 '주여 일용할 양식만 주옵소서.' 라고만 기도하면서 만족할 사람이 몇 명이나 될까?

우리는 대부분 "오 하나님 아버지, 제가 하는 일에 축복하옵소서. 하늘의 복도 주시고, 땅의 복도 주시고, 떡 반죽에 복이 넘치게 해 주옵소서. 주여, 이것도 주시고, 저것도 주소서" 라고 하면서 자신도 모르게 달라고만 부르짖는다. 그런데 예수님이 가르쳐 주신 기도에 비추어보면 이것은 잘못된 것이다. 욕심이 너무 많이 차 있는 기도이다. 일용할 양식이라는 것은 날마다 사는 양식이다. 다시 말하면 날마다 생명을 유지하기 위하여 그 날 필요한 건강과 그 날에 필요한 먹고 마시는 먹거리이다. "하나님이여, 오늘 우리가 살기 위해 필요한 것들을 주시옵소서"라고 부탁하는 기도이다. 그러므로 이 기도 안에는 욕심이 자리를 잡을 여지가 전혀 없다. '더 가지고 싶다, 쌓아 놓고 싶다, 저축해 놓고 살고 싶다, 남 보다도 화려하게 살고 싶다' 라는 생각들이 끼여들 만한 여지가 전혀 없다. "하나님, 오늘을 살 수 있는 일용할 양식을 주옵소서" 라는 기도는 욕심 없는 기도이다. 소박한 기도이다. 어린아이 같은 기도이다. 하나님이 이 기도를 원하신다는 것이다.

이스라엘 백성들이 40년 동안 광야생활을 할 때도 꼭 그날 먹을 양식만 주셨다. 그 다음날의 것을 미리 주시지 않았다. 안식일을 맞이하는 날은 이틀 분량을 주셨다. 그러므로 그리스도인의 삶은 하나님을 매일 '절대 의존하는 삶' 이라는 것을 잊으면 안 된다.

일용할 양식의 정확한 뜻은 하나님의 섭리에 의존하는 절대적인 삶이다. 사람들은 너무 지나치게 먼 미래의 일까지 염려하는데, 이것은 하나님 주권에 대한 의심이다. 불신앙이다. 우리는 오늘 필요한 은혜만 받고 오늘만 산다. 염려도 오늘 것만 하는 것이다. 내일 필요한 은혜는 내일 받을 생각을 해야 한다. 그런 자세로 살 것을 요구하는 것이 주기도문의 정신이다.

절대 의존의 삶이란 항상 하나님과 교제하는 삶으로 모든 것을 구하고 받는 자세로 사는 것이다. 하나님께서는 잠시라도 우리가 독립적인 존재로 사는 것을 원치 않는다. 그러나 우리들은 하나님께 기도하지 않아도 되고, 하나님께 구하지 않아도 되는 어떤 독립적인 삶을 추구하고자 하는 본성이 악한 심령 속에 있다. 우리의 본성 안에 자주적으로 살고자 하는 욕망이 있다. 하나님이 없어도 되는 독립적인 존재가 되고자 하는 욕망이 있다. 이것이 아담의 유혹이다. 아담은 하나님처럼 되고자 했다. 타락 사건의 핵심은 하나님처럼 스스로 있는 자, 독립적인 존재가 되고 싶어한 것이다. 즉 핵심은 하나님으로부터 벗어나고자 하는, 나 스스로 자존적 인간이 되고, 자기가 판단하고 자기 자신을 하나님의 도움을 받지 않아도 되는 자존적인 존재로 만들고자 하는 욕망이 인간의 본래 성품 안에 있다.

그래서 하나님은 이러한 우리들에게 일용할 양식만 구하라고 하신 것이다. 일용할 양식을 구하는 기도는 우리의 교만을 꺾는 기도이다. 그리고 하나님의 자비와 사랑에 우리 자신을 맡기는 기도이다.

⑥ '우리가 우리에게 죄지은 자를 사하여 준 것 같이 우리 죄를
　　사하여 주옵시고.'

　하나님께서는 에덴동산에서 타락했던 우리를 너무 불쌍히 여겼다.
예수님의 이름을 부르고 하나님 앞에 두 손 들고 나오기만 하면 과거의
죄든지 현재의 죄든지 미래의 죄든지 다 덮으시고 용서해 주셨다. 이분
이 우리 하나님 아버지시다. 왜 이렇게 하셨을까? 먼저, 우리를 너무 불
쌍히 여기셨기 때문이다. 그리고 하나님께서 우리에게 요구하고 원하
시는 것이 있으셨기 때문이다. '내가 너를 이렇게 불쌍히 여겼으니 너
도 너에게 잘못한 사람에게 이런 긍휼을 베풀어라. 그래서 불쌍히 여겨
라. 행여나 너의 형제가 너에게 잘못한다고 할지라도 그저 불쌍히 여기
고 무조건 용서해 주라' 고 하신 것이다. 그래서 주님이 이 기도를 주기
도문 속에 담아 두셨다고 생각한다.

　이 죄 사함에 대한 기도의 전제는 하나님께서 우리를 사랑하시고 우
리의 죄를 용서해 주셨다고 하는 하나님의 사랑이 먼저 전제가 되는 것
이다. 그러므로 용서를 너무 윤리적이나 철학적으로 생각하면 안 된다.
용서하는 것이 아름다워서가 아니고 용서해야 하는 이유는 우리를 향
한 하나님의 명령이기 때문이다. 그게 은혜 받은 자의 당연한 태도이다.
너무 윤리학적으로 "용서하는 것이 아름답지 않느냐?" 라고 생각하면

안 된다. 윤리학적인 의미로서 용서의 어떤 미학을 강조하지 말고, 신학적인 의미로서 하나님의 사랑으로 용서받은 자가 당연히 용서해야 된다는 은혜의 명령을 들을 줄 알아야 된다.

마태복음 18장에 보면 임금에게 일만 달란트 빚진 자가 나온다. 지금 시세로 1만 달란트가 70억 달러쯤 되니까 우리나라 돈으로 하면 7조원 정도 되는 어마어마한 돈이다. 그것을 임금이 탕감해 줬다. 그런데 이 사람이 나가다 자기한테 100데나리온 빚진 동료를 만났다. 100데나리온은 500만원 정도 되는 돈으로 7조원에 비하면 아무 것도 아니었다. 왕은 천문학적인 빚을 모두 탕감해주었는데 친구의 작은 돈을 탕감해주지 않고 멱살을 잡고 흔들더니 감옥에 가두어 버렸다. 다른 사람을 용서하지 않는 사람은 하나님도 그 사람을 용서하지 않는다.

"용서라는 것을 성경이 가르칠 때는 우리에게 어떤 의무를 요구하고 있는 것이 아니다"라고 생각해야 한다. 의무가 아니라 은혜 받은 자의 당연한 반응이다. 용서는 은혜에 대한 필연적인 결과이다. 하나님의 사랑과 용서의 은혜를 제대로 받았다면 반드시 사랑해야 되고 용서해야 된다. 항상 용서라는 것은 관계 안에서 이루어지는 것이다. 하나님과의 관계 속에서 용서받았기 때문에 이웃을 용서하는 것이다.

⑦ '우리를 시험에 들게 하지 마옵시고 다만 악에서 구하옵소서'

우리의 영혼이 더러워지지 않도록 그 문제를 항상 중시하고 기도하라는 말이다. 세상은 온통 시험 투성이다. 마치 지뢰밭을 걷는 것 같다. 예수님도 세상에 계실 때 날마다 시험을 당했다. 그러므로 예수 믿는 우리도 시험 가운데 살아갈 수밖에 없다.

그러나 시험을 당할 때 사람들은 두 가지 반응을 보인다. 하나는 대적하고 이기는 것이고, 다른 반응은 굴복하고 완전히 악에 빠지는 것이다. 대적하고 이기면 그 사람은 점점 더 강해진다. 영적으로 점점 더 높은 경지로 올라간다. 그러나 한번 무릎 꿇고 굴복하게 되면 악에 빠진다.

우리 청소년들이나 젊은이들을 유혹하는 인터넷 사이트들이 얼마나 많은가? 음란물 사이트에 피가 끓는 젊은이들이 한번 들어가면 대부분 '더럽구나. 닫자' 하고 끝나지 않는다. 보고 싶고, 또 보고 싶고 하는 법이다. 이렇게 끌려 들어가는 것이다. 게다가 폭력물 사이트도 있고, 자살 사이트도 있고, 굿 하는 사이트도 있고, 점치는 사이트도 있고, 저주하는 사이트도 있다. 이런 몹쓸 시험거리가 될 만한 사이트가 현재 한국에만 20만개라고 한다.

우리는 이런 더러운 세상에서 우리 자신을 지켜야 한다. 그러므로

'하나님이여, 시험에 들게 하지 마옵시고 다만 악에서 구하옵소서' 라는 말은 '주여, 세상이 너무나 악합니다. 잘못하면 내 영혼이 더러워질 수밖에 없습니다' 라고 고백하는 것뿐만 아니라, 이 더러운 시험과 악을 도무지 이길 만한 힘이 나에게 없다는 것을 솔직하게 시인하는 것이고, 그 다음에는 '하나님이여, 나에게 은혜를 주사 나로 하여금 이 시험을 이길 수 있도록 성령의 충만함, 말씀의 충만함을 주시옵소서' 라고 기도하는 것이다. 이렇게 내 영혼에 거룩함을 염려하면서 하나님 앞에 기도하는 자를 하나님이 사랑하신다. 주기도문을 통해서 우리는 6 가지 기도의 원리와 원칙을 배웠다.

4. 주기도문을 통해 승리의 기도를 하자

하나님 이름, 나라, 뜻, 일용할 양식, 죄, 악과 시험에 대하여 기도하자. 무엇보다도 하나님 자신을 먼저 받들고 그의 나라와 그의 이름을 위하여 열정을 쏟아 기도하자. 욕심을 버리고 일용할 양식을 그날 그날 구하는 기도자가 되자. 용서해주고 용서받기를 원하는 사람이 되어야 한다. 우리가 중요한 기도의 원리를 마음에 담고 그 기도를 가지고 나의 기도를 계속 보태면서 하나님 앞에 날마다 기도하기를 힘쓰면, 하나님께서 우리로 하여금 모든 면에서 축복된 자로 만들어 주신다는 것을 믿자.

주님께서 가르쳐 주신 기도를 통해서 날마다 승리하고 날마다 세상을 두려워하지 아니하고 전진하는 아름다운 주의 자녀들이 되자.

믿음의 절대강자

지 은 이 | 최요한
발 행 인 | 김용호
발 행 처 | 나침반출판사

발 행 일 | 2008년 1월 10일

등   록 | 1980년 3월 18일 / 제 2-32호
주   소 | 110-616 서울 광화문 사서함 1641호
전   화 | 본 사 (02)2279-6321~3
           영업부 (031)932-3205
팩   스 | 본 사 (02)2275-6003
           영업부 (031)932-3207

홈 페 이 지 | www.nabook.net
이 메 일 | nabook@korea.com
           navan@chol.com

ISBN 978-89-318-1374-6
책번호 가-3092

값은 뒷표지에 있습니다.

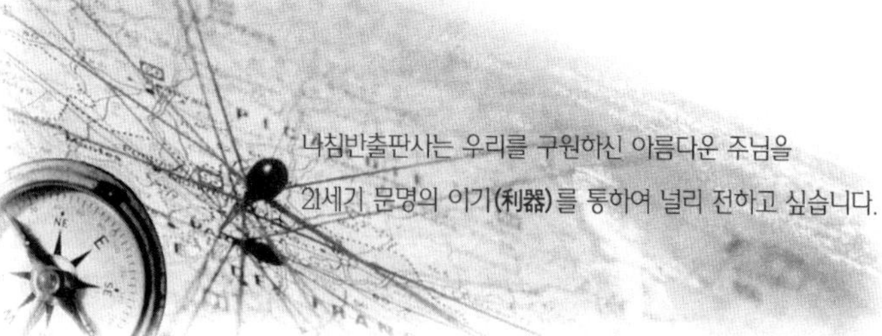